일상 은혜의 힘

일상 은혜의 힘

지은이 · 진재혁
초판 발행 · 2017. 12. 18
2쇄 발행 · 2018. 01. 08
등록번호 · 제1988-000080호
등록된 곳 · 서울특별시 용산구 서빙고로 65길 38
발행처 · 사단법인 두란노서원
영업부 · 2078-3333 FAX 080-749-3705
출판부 · 2078-3331

책 값은 뒤표지에 있습니다.
ISBN 978-89-531-3038-8 03230

독자의 의견을 기다립니다.
tpress@duranno.com   http://www.Duranno.com

두란노서원은 바울 사도가 3차 전도여행 때 에베소에서 성령 받은 제자들을 따로 세워 하나님의 말씀으로 양육하던 장소입니다. 사도행전 19장 8-20절의 정신에 따라 첫째 목회자를 돕는 사역과 평신도를 훈련시키는 사역, 둘째 세계선교(TIM)와 문서선교(단행본·잡지) 사역, 셋째 예수문화 및 경배와 찬양 사역, 그리고 가정·상담 사역 등을 감당하고 있습니다. 1980년 12월 22일에 창립된 두란노서원은 주님 오실 때까지 이 사역들을 계속할 것입니다.

은혜로 살면 늘 청신호다

일상
은혜의
힘

The Power of
GRACE

진재혁 지음

두란노

차례

●

Prologue 일상에서 은혜를 맛보라 06

Part 1.

**In the Grace
of God**

하나님이 곧 은혜이시다

은혜는 시작이자 끝이다 11

은혜는 감사의 뿌리다 31

Part 2.

**By the Grace
of God**

물 댄 동산 같은 은혜의 삶

구원의 은혜: 죄인을 향한 하나님의 사랑의 선물 51

용서의 은혜: 은혜 받은 자의 특권 68

회복의 은혜: 은혜만이 회복을 일으킨다 86

Part 3.

**The Power
of Grace**

은혜의 능력으로 살다

은혜는 겸손 가운데 빛을 발한다 107

언어는 은혜의 창이다 122

은혜는 항상 흐르는 물이다 137

가정은 은혜의 샘물이다 152

Part 4.

**The Fullness
of Grace**

매일 은혜로 충만하다

고난의 은혜: 약할 때 은혜가 능력이 된다 171

부르심의 은혜: 은혜는 행동으로 나타나야 한다 191

일상의 은혜: 매일 나아가면 도우심을 얻는다 207

Epilogue 은혜가 관통하는 삶 226

Prologue:

일상에서 은혜를 맛보라

그리스도인의 삶의 목적은 하나다.
하나님의 영광을 위해 사는 것이다.
그리스도인의 삶의 방향도 하나다.
하나님의 은혜로 사는 것이다.
하나님의 목적과 방향에 삶의 나침반을 맞춘 사람은
가장 먼저 내가 얼마나 은혜에 빚진 자인가 깨닫게 된다.
또 은혜 안에 거하며 은혜로 충만한 삶을 맛보게 된다.
위로부터 부어지는 은혜에 민감하게 반응하고
은혜를 영적으로 고백한다.
그렇다. 우리는 아버지의 은혜를 입은 자들이다.
죽을 수밖에 없는 죄인, 영적인 불구자였으나
아버지의 은혜로 새롭게 거듭났다.
내 힘과 노력으로 된 것이 아니라 은혜로 된 것이다.
그러므로 은혜는 철저히 수동태다.

철저하게 주어지는 것, 받는 것이다.

그 주체는 하나님이시다. 하나님은 고난 가운데 돕는 은혜,

일상 가운데 임하시는 은혜,

용서와 부르심의 은혜를 경험하게 하심으로

우리가 인생을 맛보고 구원의 기쁨을 누리도록 하신다.

그래서 우리가 주체적으로 할 수 있는 일은

은혜에 더욱 깊숙이 들어가는 것이다.

본회퍼(Dietrich Bonhoeffer)는 나치 수용소에서 최후를 맞으며 은혜에 대해 이렇게 고백했다.

"무엇보다 은혜는 값비싸다. 왜냐하면 하나님께서 당신 아들의 목숨을 대가로 지불하셨기 때문이다. 당신은 값을 치르고 사신 바 된 존재다."

당신은 이 은혜에 제대로 반응하고 있는가!

Part 1.

In the Grace of God

하나님이 곧
은혜이시다

은혜는 시작이자 끝이다

은혜에 관한 모든 것

"오늘 은혜 받았어?"

"다른 생각하느라 은혜가 안 됐어."

설교를 듣고 난 뒤 성도들과 혹은 가족과 함께 나누는 대화 내용이다. 그런데 기존 신자들이야 이런 대화가 지극히 자연스러울지 몰라도 오늘 교회 예배에 나온 초신자에겐 대단히 어색하게 느껴지는 대화다. 은혜라는 말이 생소한 단어는 아니지만, 누군가의 '이야기'(초신자에겐 설교가 그냥 이야기로 들릴 수도 있다)를 듣고 '은혜 받았다'고 표현하는 것은 어쩐지 낯설게 느껴진다.

은혜와 관련된 표현도 참 다양하다. '은혜 받으세요, 은혜가 되었다, 은혜가 많았다, 은혜롭다, 은혜를 끼쳤다, 은혜를 나누다…'. 표현이 다양한 만큼 은혜가 가진 색채도 다채롭다.

과연 은혜란 무엇일까. 기독교는 은혜의 종교다. 은혜라는 단어에 기독교의 진수가 거의 다 들어 있다고 해도 과언이 아닐 것이다.

영국에서 비교종교학회가 열렸다. 많은 사람들이 모여서 기독교가 다른 종교에 비해 독특한 것이 무엇일까를 의논했다. 한 학자가 이렇게 말했다.

"하나님이 예수님의 몸을 입고 이 땅에 오신 성육신입니다."

그러자 다른 학자들이 반발했다. 다른 종교에도 신이 우리 가운데 오신 일들이 존재한다는 것이다.

"그렇다면 부활이 아닙니까?"

하지만 다른 종교에서도 신이 환생하여 다시 태어난 일들을 찾아볼 수 있다는 의견이 나왔다. 그때 C. S. 루이스가 일어나 한마디 했다.

"It's Grace."(은혜입니다)

루이스가 지적했듯 기독교가 타 종교와 차별되는 점이

은혜라는 것에 모두가 수긍했다. 그렇게 그날 종교학회는 기독교의 특별함을 '은혜'로 결론 내렸다.

기독교는 은혜를 빼고 논할 수 없다. 당연히 그리스도인은 은혜를 받은 자들이다. 그러니 교회는 은혜 받은 자들이 모이는 곳이다. 제자로서의 삶은 은혜로 사는 삶을 의미한다. 은혜로 시작해서 은혜로 끝난다고 해도 과언이 아니다.

그렇다면 제일 먼저 질문할 것이 있다.

은혜란 무엇인가?

먼저 사전적 의미로 살펴보자면 은혜란 '고맙게 베풀어 주는 신세나 혜택'이다. 무엇인가 더 주는 선물이나 은총, 축복의 다른 말이기도 하다. 영어에서는 은혜를 'grace'로 표현한다.

그렇다면 성경에서 말하는 은혜는 무엇일까. 성경은 시편 145편 8절을 통해 이렇게 말씀하신다.

> 여호와는 은혜로우시며 긍휼이 많으시며 노하기를 더디 하시며 인자하심이 크시도다 ○ 시 145:8

성경은 분명히 여호와 하나님은 은혜로우시다라고 말하고 있다. 여기서 은혜는 영어로 친절하다는 뜻으로 'kindness' 혹은 좋은 걸 해 준다는 뜻으로 'favor'라고 표현하기도 하고 'love'(사랑)라고도 한다. 모두 무엇인가 긍정적으로 도와주거나 베풀어 주는 선한 것을 의미한다. 흔히 은혜를 입었다고 하면 어떤 행동이나 행위로 받는다고 생각하기 쉽다. 그런데 하나님은 어떤 행위를 통해 은혜를 베푼다고 말씀하시지 않는다. 한 번의 행동으로 은혜를 베푸시고 끝이라는 의미가 아니다. 하나님이 곧 은혜의 중심이고, 은혜의 근원이며, 원천이시기 때문이다. 성경은 하나님의 성품이 곧 은혜라고 설명하고 있다.

그렇기 때문에 은혜는 하나님으로부터 나온다. 은혜의 하나님을 만나야 은혜와 마주할 수 있다. 우리가 무엇을 해야 하는 것이 아닌, 하나님과 만날 때 은혜가 임하게 된다. 이쯤 되면 성경 속에 등장하는 은혜와 그 의미가 비슷하게 여겨지는 것들 사이에는 어떤 차이가 있는지 궁금해질 것이다.

십대에 하나님을 영접하고 독학으로 신학을 공부한 뒤 목회자로 헌신하면서 범죄 도시에서 복음의 역사를 일으킨 새무얼 채드윅(Samuel Chadwick) 목사는 은혜에 대해 이렇게 정의하고 있다.

"은혜는 자비 이상이며 사랑보다 더 위대합니다. 정의는 고결함을 요구하고 자비는 긍휼로 말미암습니다. 사랑은 대응과 감사와 반응을 요구합니다. 그러나 은혜는 어떤 공로도 요구하지 않습니다. 은혜는 어떤 선함도 내세울 수 없고 끌어올려 달라고 요구할 수도 없는 사람들에게 무조건 끝없이 흘러갑니다. 은혜는 자격이 없는 자, 가치가 없는 자를 찾습니다. 은혜는 사랑과 자비와 긍휼이 합쳐진 것으로 죄인과 무례한 자, 배반한 자에게 손을 뻗칩니다. 은혜는 죄가 많은 자들의 유일한 희망입니다. 만일 구원이 은혜로 말미암지 않는다면 우리는 결코 구원받을 수 없습니다. 은혜가 없으면 화목도 용서도 화평도 없습니다."

채드윅 목사가 정의한 은혜는 사랑과 정의와 자비보다 한 단계 위에 있는 하나님의 속성이다. 신구약을 통틀어 은혜를 담은 성경 구절은 상당량에 이른다. 상황에 따라 다른 언어로 표현된 것까지 따진다면 성경은 은혜의 통로라고 할 정도로 은혜가 넘친다. 그렇기에 그 은혜를 더 잘 알아야 한다. 더 잘 느껴야 한다. 더 잘 누려야 한다.

은혜가 지닌 3無 속성

흔히 고유의 성질을 속성이라고 말한다. 이 속성이란 말은 대체로 사람을 포함한 개체에 사용되지만 추상적인 단어에도 사용된다. 즉 눈에 보이지 않는 하나님의 은혜에도 몇 가지 속성이 있다.

하나님은 우리에게 주시는 은혜의 속성을 말씀을 통해 나타내셨다. 그 속성에는 세 가지가 없다. 즉 조건이 없고 (무조건), 제한이 없으며(무제한), 제약(무제약)도 없다.

無조건

하나님의 은혜는 조건이 없다. 무조건적인 은혜다. 우리가 어떤 상태에 있든지 은혜가 임한다. 보통 무조건이라는 전제가 붙으면 '어떤 상황에서든지', '자격과 상관없이' 받을 수 있음을 의미한다. 하나님의 은혜는 은혜 받을 대상의 상태와 관계 따위는 전혀 괘념치 않는다.

우리가 수고하고 애쓰는 것을 떠나 공 없이 주어지는 은혜, 하나님은 그런 은혜를 주신다. 오늘날 하나님의 은혜를 받을 만한 자격이 있는 사람은 단 한 사람도 없다. 그럴 만한 권리를 가진 자도 없다. 예수 그리스도를 처음 영접한 사람이나 5년, 10년 더 많이 봉사하고 사랑하고 수고한 사람이나 은혜 받을 자격이 없다는 점에선 똑같다. 모두 똑같이 죄인이기 때문이다.

의인을 위하여 죽는 자가 쉽지 않고 선인을 위하여 용감히 죽는 자가 혹 있거니와 우리가 아직 죄인 되었을 때에 그리

스도께서 우리를 위하여 죽으심으로 하나님께서 우리에 대
한 자기의 사랑을 확증하셨느니라 ○ 롬 5:7-8

로마서 말씀처럼 의인을 위하여 죽는 것이 쉽지 않다.
선한 사람을 위해서 자기 생명을 주는 것도 어렵다. 그런데
하나님은 우리가 죄인이었을 때 독생자 예수 그리스도를
통해 은혜를 베푸셨다. 죄 많은 우리를 향해, 자격 없는 우
리를 향해, 무조건적으로 베푸신 것이다.

우리는 의인도 선인도 아니다. 아니 도리어 최선의 모습
이 아닌 최악의 모습이었다. 그러나 최고의 사랑으로 우리
를 향해 다가오신 하나님의 은혜가 있었기에 영원한 생명
의 문을 열고 들어갈 수 있다. 은혜는 받는 대상에 달려 있
지 않다.

無제한

음주 운전자가 낸 교통사고로 딸과 아내를 잃은 제럴드
싯처(Gerald Sittser)는 그 참담한 심정을 《하나님 앞에서 울
다》에 담아냈다. 그리고 그 경험을 통해 하나님의 뜻을 묵
상하고 발견한 통찰을 《하나님의 뜻》으로 펼쳐 냈다. 그로
부터 20년 뒤 그는 비극과 깨달음을 통해 알게 된 은혜의
신비를 《하나님의 은혜》를 통해 증언했다.

그는 자신이 깨달은 하나님의 은혜가 너무나 소중하기에 "사고 이전의 삶으로 돌아가고 싶다. 하지만 이 비극을 겪었기 때문에 찾아온 변화도 잃고 싶지 않다"고 고백했다. 그는 자신에게 임한 하나님의 은혜가 무제한이라고 말한다. 흔히 상실과 고난에서 위로를 받고 즉각적으로 회복되는 것을 은혜로 여기지만 그가 깨달은 은혜는 느리고 더디고 평범한 회복을 가져다주었다. 또 제한 없이 찾아오는 은혜였다고 고백한다. 그래서 그의 은혜에 대한 통찰이 더욱 설득력 있다.

하나님 은혜의 두 번째 속성은 무제한이다. 사람들은 횟수 제한에 상당히 민감하다. '딱 한 번' '한 번의 기회로' '삼세판' 등 횟수에 연연한다. 그만큼 영원하지 않은 것에 대한 강박이 있거니와 그것을 도리어 이용하기도 한다.

그런데 하나님의 은혜는 제한이 없다. 은혜는 한 번 생색내고 끝나는 것이 아니다. 단발성이 아닌 무제한, 무한 제공의 은혜인 것이다. 한 번 보여 주고 끝나는 것이 아니라 마르지 않는 샘처럼 은혜가 솟아오른다.

성경은 은혜가 마르지 않는다, 다함이 없다, 모자람이 없다, 계속된다고 말하고 있다. 과거부터 현재와 미래까지 계속되는 영원한 하나님의 은혜에 대해 디모데후서는 이렇게 말한다.

일상 은혜의 힘

> 하나님이 우리를 구원하사 거룩하신 소명으로 부르심은 우
> 리의 행위대로 하심이 아니요 오직 자기의 뜻과 영원 전부
> 터 그리스도 예수 안에서 우리에게 주신 은혜대로 하심이
> 라。딤후 1:9

하나님의 뜻대로 주시는 은혜는 영원 전부터였다. 영원 전부터 주신 하나님의 은혜는 다함이 없는 무제한이다. 은혜는 멈추지 않고, 한계가 없으며, 진멸하지 않고, 영원무궁하다.

無제약

포도원 품꾼의 비유에 대해 우리는 잘 알고 있다.

> 천국은 마치 품꾼을 얻어 포도원에 들여보내려고 이른 아
> 침에 나간 집 주인과 같으니 그가 하루 한 데나리온씩 품꾼
> 들과 약속하여 포도원에 들여보내고… 나중 온 이 사람에
> 게 너와 같이 주는 것이 내 뜻이니라。마 20:1-14

포도원에서 일할 품꾼을 택하여 일을 시켰는데 노동한 시간도, 일의 경중도 달랐건만, 주인은 하루 종일 일한 사람이나 한 시간도 일하지 않은 사람이나 품삯을 똑같이 주었

다. 세상적으로 따지면 주인의 처사는 공평하지 못하다. 하지만 주인은 자신의 뜻대로 행한다. 은혜는 이처럼 하나님의 뜻에 따라 부어지는 것이다. 주시는 자의 뜻에 맡길 따름이다.

하나님 은혜의 세 번째 속성은 무제약이다. 보통 '제약'이라고 하면 방해하거나 반대할 수 있는 환경을 의미한다. 하나님의 은혜에는 그 은혜를 방해하고 반대할 수 있는 것이 아무것도 없다. 오로지 하나님의 주권적 은총 가운데 베푸시는 것이기에 그것을 블로킹하고 막을 만한 것이 존재하지 않는다.

> 그런즉 우리가 무슨 말을 하리요 하나님께 불의가 있느냐
> 그럴 수 없느니라 모세에게 이르시되 내가 긍휼히 여길 자
> 를 긍휼히 여기고 불쌍히 여길 자를 불쌍히 여기리라 하셨
> 으니 ◦ 롬 9: 14-15

하나님은 모세에게 '나는 은혜 베풀 자에게 은혜를 베풀고 불쌍히 여길 자를 불쌍히 여길 것이다'라고 말씀하셨다. 그러므로 하나님의 축복은 사람이 원하거나 노력한다고 해서 받는 것이 아니라, 하나님이 자비를 베푸셔야 얻을 수 있는 것이다. 철저히 하나님의 주권으로 은혜를 베풀겠다는

것이다. 이 주권적 하나님의 은혜를 전적인 은혜라고 말한
다. 다시 한 번 강조하지만 하나님이 베푸시는 은혜는 막을
자가 없다.

이렇듯 하나님이 베푸시는 은혜는 '무조건', '무제한',
'무제약'의 속성이 있다. 받을 자격이 없는 우리에게 조건
없이 베풀어 주신다. 차고 넘치도록 제한 없이 부어 주신다.
전적으로 하나님의 주권 가운데 주신다. 이게 바로 은혜다.

은혜는 선물이다

은혜를 헬라어로 '카리스'라고 한다. 헬라어 카리스는
'기쁨'이라는 뜻의 카라에서 파생된 말로, '하나님이 인간에
게 호의를 베푸심으로 기뻐하시는 모습'을 표현하고 있다.
상상해 보라. 우리에게 호의를 베풀며 기뻐하시는 아버지의
모습을. 그래서 참 믿음은 응답을 얻기 위해 뭔가 하는 것
이 아니라 하나님이 이미 베푸신 것에 대한 감사함으로 반
응하는 것이다. 그래서 성경은 하나님의 은혜를 선물이라고
표현한다.

너희는 그 은혜에 의하여 믿음으로 말미암아 구원을 받았으
니 이것은 너희에게서 난 것이 아니요 하나님의 선물이라

○ 엡 2:8

　선물은 전적으로 주는 사람 마음이다. 선물을 주는 사람
은 받는 사람의 기분과 환경은 물론 깜짝 놀라움까지 생각
해서 선물을 준비한다. 그래서 선물은 그 자체로 기쁨이고
감동이다.

　하나님은 은혜라는 선물을 일상을 통해, 부르심을 통해,
구원을 통해 주시는데, 그 선물의 절정은 예수 그리스도다.
"자기 아들을 아끼지 아니하시고 우리 모든 사람을 위하여
내주신 이가 어찌 그 아들과 함께 모든 것을 우리에게 주시
지 아니하겠느냐"(롬 8:32)는 말씀에서도 알 수 있듯이 예수
그리스도는 하나님이 우리에게 주신 선물의 최고 절정이다.

　그렇다면 이 은혜의 값어치는 얼마일까? 정답은 '값을
측정할 수 없다'이다. 값이 없으나 값비싼 은혜다. 하나님은
로마서를 통해 죄인일 수밖에 없는 우리가 그리스도의 구
속으로 구원을 받고 값없이 의롭다 하심을 얻은 자가 되었
다고 말씀하신다. 즉 구원이라는 은혜는 값없이 주어진 선
물이라는 것이다. 그 어떤 것으로도 보상할 수 없는, 그 값
어치를 측정할 수 없는 선물인 것이다.

"우리 주 예수 그리스도의 은혜를 너희가 알거니와 부요하신 이로서 너희를 위하여 가난하게 되심은 그의 가난함으로 말미암아 너희를 부요하게 하려 하심이라"(고후 8:9)는 말씀을 통해 은혜의 본질은 부요함에 있음을 알 수 있다.

그러므로 거저 주시는 은혜의 가치를 제대로 알아야 한다. 갚으려야 갚을 수 없는 엄청난 은혜를 하나님이 거저 주셨다. 그 은혜는 돈으로 살 수 있는 게 아니다.

그래서 어거스틴은 "Gratia gratuita."(은혜는 거저다)라는 말로써 은혜가 전적으로 선물임을 고백하고 있다. 그러므로 우리의 자세는 선물을 받는 자로서 겸손하며 감사하는 것이다. 어거스틴은 종의 자세를 추천해 주었다. 그는 "종의 자세로 감당하는 것이 하나님의 모든 은혜를 받는 지름길이다"라고 말했다. 종이 주인의 긍휼을 바라듯 겸손한 자세로 은혜를 사모하는 것이 선물 받는 자의 자세다.

은혜가 지닌 능력

하나님의 은혜는 부드럽고 온유하다. 하지만 부드러움이 강함을 이기듯 하나님의 은혜는 그것을 경험할 때 큰 능력을 나타낸다.

거듭나게 만드는 능력

무조건 무제한 무제약적인 하나님의 은혜는 예수 그리스도의 십자가에 잘 나타난다. 디도서 2장 11절은 이렇게 말한다.

> 모든 사람에게 구원을 주시는 하나님의 은혜가 나타나
>
> ○ 딛 2:11

하나님의 독생자 예수 그리스도께서 십자가에 죽으심으로 우리를 향한 하나님의 무조건 무제한 무제약적인 은혜를 나타내셨다는 뜻이다. 그래서 "내가 하나님의 은혜를 폐하지 아니하노니 만일 의롭게 되는 것이 율법으로 말미암으면 그리스도께서 헛되이 죽으셨느니라"(갈 2:21)는 말씀처럼, 예수님이 십자가에서 죽으신 이유는 하나님의 은혜 외에 다른 이유가 없다는 사실을 말하고 있다.

나 역시 아들이 있다. 하나님이 사랑하는 아들을 죽이기까지 우리를 사랑하신 장면을 떠올리며 과연 나라면 어땠을까 생각해 본다. 아마도 다른 방법이 있지 않을까 열심히 찾았을 것 같다. 아들을 희생시키지 않고도 은혜를 베풀 방법을 말이다.

하나님의 십자가 은혜는 '구원'을 경험하게 해 준다. 죄

인이던 우리를 용서 받은 의인으로 거듭나게 만드는 능력이다. 구원을 이루신 하나님은 이렇게 말씀하신다.

> 자기 아들을 아끼지 아니하시고 우리 모든 사람을 위하여
> 내주신 이가 어찌 그 아들과 함께 모든 것을 우리에게 주시
> 지 아니하겠느냐 ○ 롬 8:32

하나님의 은혜는 구원으로 끝나는 것이 아니라 지금도 우리와 함께하시며 은혜를 베푸신다.

선하심과 인자하심이 따르는 능력

은혜를 통해 경험하게 되는 또 다른 능력은 '선하심과 인자하심이 따르는 것'이다. 시편 23편의 "내 평생에 선하심과 인자하심이 반드시 나를 따르리니"라는 말씀이 그 근거다. 하나님의 선하심과 하나님의 인자하심, 곧 하나님의 은혜가 일생 동안 우리를 좇는다는 말씀이다. 하나님의 약속 가운데, 그의 계획 가운데, 그의 목적과 인도하심 가운데 하나님의 은혜가 이제는 나의 능력이 되어 견디게 하신다. 이기게 하시며 참게 하신다. 지나가게 하시고 찬양하게 하신다. 감사하게 하신다. 여전히 살아 있게 하시고, 힘이 되시고 능력이 되신다. 이 모든 것들을 우리에게 더하여 주시

겠다고 약속하신 것이다.

우리 교회에는 목장 모임이 있는데, 교인들은 목장에서 아주 사소하더라도 자신이 체험한 은혜를 나눈다. 주님이 얼마나 우리 삶 깊숙이까지 개입하셔서 선하심과 인자하심으로 삶을 이끄시는지를 나누며 은혜를 은혜로 볼 수 있도록 경험한다. 은혜는 이처럼 우리 삶에 하나님의 선하심과 인자하심이 따르도록 인도한다.

죄를 정복하는 능력

은혜를 경험하면서 나타나는 또 다른 능력은 죄를 정복하는 것이다. 무디(D. L. Moody) 목사는 율법과 은혜의 차이에 대해 명확히 말했다.

"율법은 우리가 얼마나 삐뚤어져 있는지 말해 주지만, 은혜는 나를 교정하고 성숙시킨다."

하나님이 주시는 은혜는 죄를 정복한다. 정복이란 죄를 짓지 않도록 돕는 것을 뛰어넘어 죄를 완전히 넘어서서 발 아래 꿇린다는 것이다. 우리가 용서 받아 의인이 된 삶에 은혜가 부어지면 죄는 정복된다. 죄에 대한 인식에서 끝나는 것이 아니라 죄에서 돌이킬 수 있는 힘이 생긴다.

그러므로 하나님의 은혜를 경험함으로 나타나는 능력을 활용해야 한다. 그 능력은 지경을 넓힌다. 근본적인 문제 해

결책을 찾게 해 준다.

전 세계에서 영향력 있는 작가로 손꼽히는 맥스 루케이도(Max Lucado) 역시 《하나님의 가장 완벽한 선물 은혜》를 통해 은혜의 능력에 대해 이렇게 설명한다.

> "은혜는 자비보다 크다. 룻에게 음식을 주는 것은 자비지만 그녀에게 남편과 가정을 주는 것은 은혜다. 탕자에게 새로운 기회를 주는 것은 자비지만 그에게 잔치를 베푸는 것은 은혜다. 사마리아인이 피해자의 상처에 붕대를 감아 주는 것은 자비지만 그를 보살펴 달라고 당부하면서 신용카드를 맡기는 것은 은혜다. 십자가에 매달린 강도를 용서하는 것은 자비지만 그를 낙원으로 안내하는 것은 은혜다. 우리를 용서하는 것은 자비지만 우리를 사랑하여 결혼하는 것은 은혜다."

하나님의 은혜는 이 시간에도 부어지고 있다. 전혀 받을 자격이 못 되는 우리에게 조건 없이 부어지고 있다. 이스라엘 백성이 무조건적으로 하나님의 백성이 된 은혜, 불평과 원망이 많던 백성에게 율법을 주신 은혜… 하나님은 값없이 은혜를 부어 주시고 그 은혜를 통해 삶 구석구석에서 능력을 발휘하도록 인도하신다. 우리는 은혜의 선순환 고리를 단단히 여며야 한다. 그 방법은 믿음을 지키는 것뿐이다.

태어났을 때 탯줄이 목을 감아 뇌로 가는 산소를 차단
시켜 버렸고, 이로 인해 뇌성마비를 앓게 된 아이가 있었
다. 아이가 생후 8개월이 되었을 때, 의사들은 "이 아이는
평생 식물인간으로 살아가게 될 것입니다"라고 말하면서
포기하라고 조언했지만 아버지의 대답은 "never give up"이
었다.

아버지는 아들을 위해 온전히 헌신했고 그를 위해 할 수
있는 모든 것을 감당했다. 아이가 자라던 무렵은 1970년대,
기술이 발전하지 않던 때였음에도 주위의 많은 도움을 얻
어 컴퓨터에 아들의 신체를 연결시켜 소통할 수 있었다. 컴
퓨터로 대화가 가능해졌을 때 아들이 아버지에게 제일 먼
저 건넨 말은 "Go Bruins"였다.

브루인스(Bruins)는 그 해 스탠리컵 결승에 진출한 아이
스하키팀이었다. 아버지는 아들이 스포츠를 좋아한다는 사
실을 알게 되었고, 직장을 그만두고 아들을 데리고 달리기
를 시작했다. 아들은 아버지가 끌어 주는 휠체어에 몸을 의
지한 채 아버지와 함께 뛰었다.

부자의 도전은 그때부터 시작되었다. 일반 사람들도 도
전하기 힘들다는 육상 철인 3종 경기에 도전장을 내밀었다.
고무보트에 아들을 태우고 3.8킬로미터 구간의 수영을 하

고, 자전거 뒤에 아들을 앉힌 뒤 180.2킬로미터를 달렸으며, 휠체어에 태우고 42.195킬로미터의 마라톤을 완주한 것이다.

딕과 릭 호잇 부자의 이야기는 전 세계를 감동시켰다. 장애인 아들을 위해 끝까지 헌신하고 도전하는 아버지, 어떻게 보면 무모하고 불가능해 보이는 도전들을 한 이유가 뭘까. 아마도 그의 대답은 단 한 줄일 것이다.

"나는 아버지이기 때문입니다."

아버지이기에, 아버지라는 이유로, 아버지라는 이름 하나로 불가능을 가능케 하는 힘, 자녀는 그런 무조건적이고 무제한적인 선물을 받으며 자녀 됨을 이루어 간다.

딕과 릭 호잇 부자의 이야기에서 하나님과 우리의 관계가 오버랩된다. 영적으로 불구였던 가여운 우리 영혼을 위해 기꺼이 자신을 희생하고 헌신하며 사랑을 베풀어 주신 아버지 하나님의 모습이 이들 부자의 모습과 맞닿아 있다.

의자에 앉아 있는 아들, 릭 호잇의 모습에서 나의 모습을 본다. 아버지가 끌어 주는 휠체어에 앉아 있던 나! 그런 나를 아버지가 끌어 주었다. 아버지는 나를 밀어 주었다. 아버지는 나를 안아 주었고, 인도해 주었다. 사실 이때까지 내가 할 수 있는 일은 아무것도 없었다. 아버지가 앉혀 주었기에 비로소 의자에 앉을 수가 있었다. 아버지가 이 모든 것을 하셨다. 조건도 없이 제한도 없이 그리고 어떤 제약도 없이. 이것이 바로 은혜다.

아무것도 할 수 없는 우리, 손 하나 까딱할 수 없는 우리는 아버지의 은혜로만, 아버지의 사랑으로만 뭐든 할 수 있다.

아무것도 할 수 없고 자격도 없는 자에게 무조건적인 사랑과 넘치는 보살핌으로 거룩한 자리에 나아가게 하는 힘의 원천이 바로 은혜다.

은혜는 감사의 뿌리다

은혜 = 감사

성경에는 은혜라는 단어가 200번 이상 등장한다. 이렇게 자주 등장하는 은혜와 함께 항상 따라 나오는 단어가 '감사'다. 값없이 주어진 은혜, 그 은혜로 인해 능력을 발휘할 수 있기에 '은혜=감사'일 수밖에 없다. 은혜란 곧 감사의 근원이다. 은혜를 모르면 감사할 수가 없다. 감사하다는 것은 곧 은혜가 부어졌음을 말한다.

그렇다면 어떤 은혜를 통해 감사할 수 있을까. 그 감사의 시작은 '나'에서부터 찾아볼 수 있다. 신약 시대에 사도

로 쓰임 받은 사도 바울은 회심한 그리스도인으로서 오로
지 복음을 위해서만 살던 사도였다. 그는 그리스도를 믿는
이들을 핍박하던 사람이었지만 예수를 만나고 난 뒤 사도
로 세워졌다. 누구보다 은혜가 충만한 사람이 되었다

그는 사도로 세워진 뒤 하나님께 받은 은혜에 대해 감사
했다.

> 그러나 내가 나 된 것은 하나님의 은혜로 된 것이니 내게
> 주신 그의 은혜가 헛되지 아니하여 내가 모든 사도보다 더
> 많이 수고하였으나 내가 한 것이 아니요 오직 나와 함께하
> 신 하나님의 은혜로라 ○ 고전 15:10

이 짧은 구절에서 사도 바울은 세 번이나 은혜를 사용한
다. 그만큼 하나님의 은혜에 대해 감사하고 있다. 은혜가 곧
감사의 조건이 되었음을 온 마음으로 표현하고 있는 것이
다. 그는 무엇이 그토록 감사할까.

말씀은 '내가 나 된 것은 하나님의 은혜로 된 것이다'로
시작한다. 내가 나 된 것, 이것은 존재 자체에 대한 감사다.
바울은 자기 자신을 누구보다 철저하게 잘 알던 사람이었
다. 그는 이 고백을 하기에 앞서 자기에 대해 "맨 나중에 만
삭되지 못하여 난 자 같은" 자라고 설명한다. 또한 "나는 사

도 중에 가장 작은 자라 나는 하나님의 교회를 박해하였으므로 사도라 칭함 받기를 감당하지 못할 자니라"고 자신을 소개한다.

바울은 일생을 하나님을 향한 뜨거운 열심으로 살았으나 오히려 그리스도인을 핍박하던 부끄러운 모습으로서 자신을 이해했다. 그래서 사도라 일컬음을 받을 자격도 없다고, 가장 작은 자라고 말하고 있다. 그러나 그것으로 멈추지 않고 감사할 수 있는 은혜에 대해 노래한다. 내가 나 된 것 즉, 작은 내가 하나님의 사도로 귀한 일들을 감당하는 지금의 내가 된 것은 전적으로 하나님의 은혜라고 노래한다.

"By the grace of God I am what I am." (NIV, 고전 15:10)

영어성경은 이렇게 해석하고 있는데 풀이하면 '하나님의 은혜로 지금의 나의 모습이 있습니다'가 된다.

사도 바울이 이 서신을 쓸 당시는 그가 처음 주님을 만나고 나서 많은 시간이 흐른 뒤였다. 그 세월 동안 단지 예수를 믿는다는 이유로 수많은 핍박과 고통을 겪었음에도 바울은 과거 그리스도인을 잡아 죽였던 자신의 모습을 잊지 않고 하나님의 은혜에 감사하고 있다.

바울은 그리스도인을 잡으러 가던 다메섹에서 예수 그리스도를 만났다.

"주여 뉘시오니까."

"나는 네가 핍박하는 예수다."

이 말씀 앞에 엎드린 바울, 이후 그는 완전히 변화되었다. 하나님의 은혜를 경험한 후 주님의 명령을 따라 이방인에게 복음을 증거하는 이방 선교의 문을 열어 갔다.

우리는 어떤가? 지금의 '우리 됨'도 은혜이지 않은가? 하나님의 은혜 앞에 감사하지 않을 수 없지 않은가? 주님을 모르던 암흑 같던 시절을 지나 빛으로 나아온 것, 하나님의 자녀로 새롭게 거듭나게 된 것, 감사할 일이 얼마나 많은지 모른다.

오래전 전도사로 있을 때였다. 하루는 주일 사역을 마치고 집에 도착했는데 몸이 이상했다. 서둘러 병원을 찾았더니 아니나 다를까, 수두에 걸렸다. 어릴 때 한 차례 겪고 나면 평생 안 걸린다는 병인데 나는 그때까지 걸린 적이 없던 모양이었다.

수두를 영어로 'chicken pox'라 부른다. 이름에서 알 수 있듯이, 수두에 걸리면 온몸에 수포가 잡히면서 치킨 피부처럼 흉해진다. 나이 들어 걸릴수록 위험하고 증상도 심하다. 피부가 막 벗겨지고 점이 나고 딱지가 지고 또 벗겨지는 과정에서 어찌나 간지럽던지 참을 수가 없었다. 거울을 보면 몰골이 말이 아니어서 저절로 낮아질 수밖에 없었다.

'아… 내가 하나님 앞에서 이런 자였구나. 사람들 앞에서는 그럴듯하게 보였을지언정 하나님 앞에선 이렇게 초라하고 부족하고 연약하구나. 이런 보잘것없는 나를 하나님이 사용하시고 이런 나를 치유해 주시다니! 그 은혜가 정말 한량없구나.'

저절로 나의 나 된 것이 하나님의 은혜임을 고백하게 되었다.

우리가 부르는 찬양 중에 'Amazing grace'라는 곡이 있다. '나 같은 죄인 살리신 주 은혜 놀라워….' 존 뉴턴 목사가 만든 곡인데, 그는 과거 흑인 노예무역에 관여했던 사실을 회개하고 그런 자신을 용서하신 하나님의 은혜에 감사하며 이 찬양을 만들었다. 그는 뒤늦게 목회자가 되었지만 자신이 어떤 사람이었는지를 결코 잊지 않았고 그랬기에 하나님을 찬양하는 삶을 살 수 있었다.

"저는 단 하루도 과거에 노예무역상이었다는 사실을 잊은 적이 없고, 하나님께서 그런 제게 은혜 베푸신 것에 감사하지 않은 날이 없습니다."

그러면서 그는 "I once was lost, but now I'm found, I was blind, but now I see", '내가 잃어버렸으나 찾았고 내가 볼 수 없었으나 이제는 광명을 찾았다'고 노래했다.

하나님의 은혜는 우리가 연약할 때 더욱 두드러진다. 실

수와 실패로 힘들 때, 고통 가운데 있을 때, 폭풍을 지나며 견디기 힘들 때, 하나님은 우리를 만나 주셔서 새롭게 하시고 치유하시며 힘을 공급해 주신다. 다시 일어서서 나의 나 된 것이 하나님의 은혜라고 고백하게 하신다. 그 감사의 근원에 하나님의 은혜가 있다.

전적인 하나님의 은혜

CCM 가수 박종호 씨는 목소리로 하나님을 찬양하는 사역자다. 그는 원래 테너 가수답게 풍채가 아주 넉넉하고 재능이 뛰어난, 전도유망한 성악가였다. 그런 그가 대학 시절 하나님을 만나고 변화되어 찬양 사역자로 헌신했다. 그 뒤 그는 복음성가 가수로 활동하며 왕성한 사역을 해 나갔다. 그런데 워낙 먹는 것을 좋아하고 식탐이 있던지라 주변의 걱정을 살 만큼 몸무게가 많이 나갔다. 무엇보다 건강관리를 하지 않았다.

그는 결국 뇌출혈로 쓰러졌다. 다행히 병원에서 치료 받고 회복되어 퇴원할 수 있었으나 의사는 비만도가 높으니 건강관리를 잘하라고 충고했다. 하지만 퇴원 후 바쁜 사역 일정을 소화하다 보니 건강관리는 다시 다른 나라 이야기가 되어 버렸다. 그렇게 몇 년이 흐른 뒤, 이번엔 더 암담한 소식을 듣게 되었다. 간암 말기였던 것이다. 말기라면 이제 간이식밖에는 다른 도리가 없음을 의미했다. 매우 절망적이었다. 성도들과 동료들, 목회자들이 함께 마음을 모아 하나님께 매달렸다. 그러던 중 그의 막내딸이 간이식을 하겠다고 나섰다.

부녀가 나란히 수술대 위에 오르던 날, 박종호 씨는 하나님의 은혜를 체험했다. 수많은 기도가 향기가 되어 피어오르는 것을 보았고 그렇게 심하다는 고통도 전혀 느끼지 않게 되었다. 성공 확률이 낮다고 했지만, 하나님의 은혜로 이식수술도 매우 성공적으로 마칠 수 있었다. 그를 위해 기도하던 많은 사람들이 하나님의 은혜가 어떻게 한 사람을 살리는지 생생하게 경험할 수 있었다.

나를 지으신 이가 하나님
나를 부르신 이가 하나님
나를 만드신 이가 하나님
나의 나 된 것은 다 하나님 은혜라
한량없는 은혜
갚을 길 없는 은혜
내 삶을 에워싸는

하나님의 은혜
나 주저함 없이 그 땅을 밟음도
나를 이끄시는
하나님의 은혜

　박종호 씨는 수술을 마치고 쉼 대신 무대를 택했다. 은혜에 너무 감사해서 마음껏 찬양하며 간증하기로 했다. 덕분에 예전보다 더 활발히 무대에 서서 모든 것을 필요에 따라 넉넉하게 채워 주신 하나님의 은혜를 전하고 있다. 그의 열심이 예전보다 더 강해질 수 있었던 것은 전적인 은혜의 결과다.

　사도 바울 역시 "내게 주신 그의 은혜가 헛되지 아니하여 내가 모든 사도보다 더 많이 수고하였으나"(고전 15:10)라며 자신의 수고보다 더해 주신 은혜에 감사했다. 은혜로 인해 자신이 더 섬길 수 있었고 더 나아가 쓰임 받는 삶을 살게 되었음을 감사하고 있는 것이다.

　바울이 그토록 수고한 것은 그리스도의 은혜를 전하는 일이었다. 사도의 역할로 자신을 부르셔서 자신을 견디게 하시고 감당케 하시고 가능케 하신 하나님의 은혜에 감사했던 것이다. 또한 그는 자신과 함께하시며 모든 일을 가능케 하신 하나님을 찬양했다.

내가 모든 사도보다 더 많이 수고하였으나 내가 한 것이 아

니요 오직 나와 함께하신 하나님의 은혜로라 ◦ 고전 15:10

그렇다. 홍해를 가른 자는 모세였지만 그 일을 가능케
하신 분은 하나님이었다. 골리앗을 쓰러뜨린 사람은 다윗이
었으나 그 일을 가능케 하신 분은 하나님이었다. 여리고성
을 무너뜨린 자는 여호수아였으나 그 일을 가능케 하신 이
는 하나님이다. 우리 삶에서 이루어진 수많은 일들을 가능
케 하신 분도 하나님이다. 그것이 은혜다. 내가 한 것이 아
니요 나와 함께하시는 하나님이 하신 것, 그것이 은혜다.

농부가 수고하고 애써서 결실을 손에 얻지만, 그것을 가
능케 하는 것은 하나님의 은혜다. 하나님이 해를 주시고 비
를 주시며 땅을 주시고 생명을 주시며 자라게 하신 것이다.
그러므로 우리가 감사할 수 있는 것은 전적으로 하나님의
은혜다.

우리는 때때로 어려운 상황을 만난다. 형편이 어렵기도
하고 힘든 관계 때문에 고통스럽기도 하다. 하지만 이 모든
시련은 결국 지나간다. 그 위기와 시련을 지나는 것은 우리
이지만 지나도록 하신 이는 하나님이다. 그 은혜로 여기까
지 올 수 있었다.

건강을 주셨기에 살아 있을 수 있고, 지혜를 주셨기에

모든 문제와 어려움을 헤쳐 나올 수 있으며, 인내하게 하셨기에 오늘도 내일도 견딜 수 있다. 자녀를 얻은 것도, 일할 수 있는 직장을 얻게 된 것도, 함께할 가족이 있는 것도 하나님의 은혜 덕분이다. 우리 안에 풍성히 채우시는 하나님의 은혜가 없었더라면 오늘은 없었다. 그래서 시편 기자는 이렇게 고백한다.

> 우리에게 향하신 여호와의 인자하심이 크시고 여호와의 진
> 실하심이 영원함이로다 할렐루야 ○ 시 117:2

삶의 구석구석을 필요에 따라 채우시고 가능케 하신 감사의 근원에 넘치는 하나님의 은혜가 있다. 하늘을 두루마리 삼고 바다를 먹물 삼아도 다 쓸 수 없는 하나님 사랑, 그 저변엔 하나님의 은혜가 있다.

은혜에 어떻게 감사할까?

얼마 전 《일곱 번째 봄》이란 간증 책을 내서 하나님의 은혜를 노래한 자매가 있다. 의상 디자이너로 일하던 자매에게 어느 날 갑자기 병마가 덮쳤다. 스티븐 존슨 증후군이

란 희귀병에 걸려 온몸의 살갗이 벗겨져 전신화상 환자처럼 변하고 손톱 발톱이 무너지는 고통에 처한 것이다. 우연히 먹게 된 항생제 부작용으로 이 병에 걸린 그 자매는 여지없이 무너졌다. 하루에 두 차례씩 온몸의 살갗을 벗겨내야 했고 드레싱을 할 때마다 죽고 싶다는 생각밖에 들지 않았다. 모든 희망이 무너져 내리고 절망 속에서 죽음과 사투하던 어느 날, 병실을 찾은 오빠가 동생의 손을 잡고 눈물을 흘리며 기도하기 시작했다.

"하나님 아버지 감사합니다. 감사할 것 하나 없는 이 순간에도 주님을 먼저 찾게 하심을 감사합니다."

이렇게 시작된 감사기도로 자매는 가족의 기도와 사랑 안에서 자신에게 베풀어 주신 하나님의 은혜를 느끼기 시작했다. 두려워하지 말라는 하나님의 음성을 들었고 그 뒤로 이어지는 지난한 치료 과정도 함께하시는 하나님의 손을 붙잡고 이겨 냈다. 안타깝게도 시력을 잃는 아픔을 또 겪어야 했지만 하나님의 은혜는 그녀에게 더해졌다.

"내가 너를 사랑할 수밖에 없기 때문에 사랑한다."

끝까지 자신을 사랑하시는 하나님의 은혜에 그녀는 세상을 보는 눈은 잃었으나 하나님을 보는 눈을 얻고 씩씩하게 하루하루를 살아가고 있다.

나를 나 되게 하신 하나님의 은혜, 삶의 과정을 함께하시며 모든 것을 가능케 하신 하나님의 은혜는 감사의 뿌리가 된다. 그렇다면 은혜에 대한 감사는 어떻게 해야 할까.

고백

먼저 감사를 고백해야 한다. 한국 사람들의 좋지 않은 습성 중 하나가 솔직하게 고백하는 데 인색하다는 것이다. '그걸 꼭 말로 해야 하나?' '알아서 해 주겠지' 하고 입을 꾹 다문다. 그래서인지 하나님과 만날 때도 고백에 서툴다. 그러나 하나님은 고백을 원하신다. 시편 기자가 "감사함으로 여호와께 노래하며 수금으로 하나님께 찬양할지어다"(시 147:7)라고 했듯이 감사를 노래로, 고백으로 드러내야 한다. 내게 주신 그 하나님의 은혜를 하나님 앞에 마음을 다해 고백해야 한다.

고백의 방법은 기도도 좋고 찬양도 좋다. 마음에만 담아 두기보다 마음껏 기도하고 찬양하며 표현하는 것을 하나님이 기뻐하신다. 받은 은혜를 헤아리며 감사할 때 관계는 더 깊어진다. 감사가 더해질수록 관계가 더 풍성해진다.

드림

은혜에 대한 감사는 드림으로 이어져야 한다. 시편 50편 14절에서 "감사로 하나님께 제사를 드리며 지존하신 이에게 네 서원을 갚으며"라고 했듯이 감사는 드리는 행위로 이어진다. 감사로 제사를 드리고 감사로 서원을 갚으며 하나님 앞에 드려지는 삶을 하나님께서 원하신다. 감사를 의미하는 영어 단어는 'thanksgiving'이다. 단순한 thanks가 아닌 giving(드림)이 있다는 것이다.

어떻게 드릴까? 삶 전체를 하나님께 올려 드릴 수도 있고 사랑하는 마음을 드릴 수도 있다. 섬기고 헌신할 수도 있고, 물질을 드릴 수도 있다. 하나님 앞에 드리는 감사, 우리의 드림(giving)의 크기가 감사(thanks)의 크기를 결정한다.

증거함

마지막으로 은혜를 감사하는 길은 증거함으로 가능하다. 실제로 감사할 일이 생겼을 때 우리는 가만히 있을 수 없다. 혼자 알고 있기보다 남들한테 자랑하고 싶다. 은혜 받은 감사는 더 그렇다. 감사가 흘러나와 전해지는 것, 그것이 벅찬 은혜를 부어 주시는 하나님이 원하시는 일이기도 하다. 이사야서 12장에서 하나님은 이렇게 말씀하셨다.

> 그날에 너희가 또 말하기를 여호와께 감사하라 그의 이름을 부르며 그의 행하심을 만국 중에 선포하며 그의 이름이 높다 하라 ∘ 사 12:4

하나님은 그의 이름을 만국 중에 선포하여 이름을 높이라고 하신다. 그 감사의 절정을 꼽자면 주님께서 가르쳐 주신 성만찬이다. 성찬은 헬라어로 유카리스트(Eucharist)다. 이 단어의 뜻은 '감사'다. 우리를 향해 하나님이 베푸신 예수 그리스도의 십자가를 기억하고 기념하는 만찬을 통해 감사를 전할 수 있다.

하나님이 베푸신 은혜에 대한 감사는 '고백'과 '드림'과 '증거함'으로 완성된다. 내게 주신 은혜를 낱낱이 고백하고 마음을 드리고 더 많은 이들에게 전하는 것, 그것이 하나님께서 값없이 베풀어 주시는 은혜에 대한 우리의 반응이어야 한다.

그렇다면 이제 내게 주신 은혜를 속속들이 들여다보고 그 넘치는 은혜에 담긴 하나님의 사랑을 느껴 봐야 할 것이다. 그 은혜 속으로 들어가 보자.

일상 은혜의 힘

여호와는 은혜로우시며

긍휼이 많으시며

노하기를 더디 하시며

인자하심이 크시도다

시 145:8

Part 2.

By the Grace of God

물 댄 동산 같은
은혜의 삶

구원의 은혜:
죄인을 향한 하나님의 사랑의 선물

인간의 완전 부패함

구원이란 무엇인가. 구원은 어려움에서 구해 준다는 의미가 있다. 따라서 구원에는 어려운 상황에 처해 있어야 한다는 것과 구해야 할 주체가 있다는 조건이 있다. 또한 어떤 상황에서도 구해 낼 능력이 필요하다. 결론적으로 말하면 구원은 사람의 힘으로는 불가능하다.

불치병을 앓고 있는 부자의 집에 도둑이 들었다. 도둑은 부자를 협박하면서 이렇게 말했다.

"쉿! 조용히 해. 가진 거 다 내놓으면 목숨만은 살려 주겠다."

불치병을 앓고 있는 부자는 볼멘소리로 말한다.

"의사도 나를 못 살리는데 당신이 나를 어떻게 살릴 수 있소?"

의사도 도둑도 살릴 수 없는 삶, 구원의 문제는 참으로 중요하고도 근본적이다. 하나님은 이 근본적인 문제에 가장 큰 은혜를 주셨다. 바로 구원의 은혜다.

하나님의 구원이 은혜라는 것을 이해하려면 먼저 우리가 완전히 부패한 존재라는 사실을 알아야 한다.

> 너희는 그 은혜에 의하여 믿음으로 말미암아 구원을 받았으니 이것은 너희에게서 난 것이 아니요 하나님의 선물이라 행위에서 난 것이 아니니 이는 누구든지 자랑하지 못하게 함이라 ◦ 엡 2:8-9

우리는 구원 받을 자격이 없다. 구원은 우리의 행위로 말미암는 것이 아니라 전적인 하나님의 은혜로 말미암는다. 받을 자격이 없는데도 부어 주시는 하나님의 풍성한 축복인 것이다.

> 그는 허물과 죄로 죽었던 너희를 살리셨도다 ◦ 엡 2:1

성경은 "우리가 허물과 죄로 죽었다"라고 이야기한다. 우리는 종종 '죽을 수밖에 없는 존재'라는 표현을 하지만 성경은 '우리가 이미 죽었다' 라고 이야기한다. 죽었다는 것은 생명이 없음을 의미한다. 여기서 생명은 신체적인 생명, 도덕적인 생명을 말하는 게 아니다. 영적인 생명을 의미한다. 다른 말로 하면 하나님과의 관계가 완전히 단절되었다는 의미다. 하나님의 영광을 보지 못하는 상태에 있다는 말이다. 로마서는 우리의 상태를 다음과 같이 설명하고 있다.

> 의인은 없나니 하나도 없으며 깨닫는 자도 없고 하나님을
> 찾는 자도 없고 다 치우쳐 함께 무익하게 되고 선을 행하는
> 자는 없나니 하나도 없도다 ○ 롬 3:10-12

우리는 하나님을 찾지 않고 멀어졌기에 선을 행할 수도 없고, 깨달을 수도 없으며, 무익하게 되었다. 이렇게 영적으로 죽은 상태를 요한복음은 "사람들이 자기 행위가 악하므로 빛보다 어둠을 더 사랑한 것이니라"(요 3:19)고 말하고 있다. 이 말씀은 "빛이 싫어서 어둠 가운데 머물러 있었다"라는 뜻이다. 우리가 영적으로 죽어 있어서 하나님과 단절된 삶의 모습을 말씀하고 있다.

뿐만 아니라 바울은 에베소서에서 "이 세상 풍조를 따

르고 공중의 권세 잡은 자를 따랐으니… 우리 육체의 욕심을 따라 지내며… 본질상 진노의 자녀였더니"(엡 2:2-3)라고 영적 죽음의 상태를 설명했다. 우리는 하나님의 진노, 하나님의 심판을 받을 수밖에 없는 자들이었다.

"I am the problem!"(내가 문제입니다)

상황이 문제가 아닌, 원수가 문제가 아닌 바로 나 자신이 문제였다는 것이다. 그래서 예레미야는 이렇게 말한다.

만물보다 거짓되고 심히 부패한 것은 마음이라 ○ 렘 17:9

본질상 진노의 자녀일 수밖에 없는 이유가 바로 거짓되고 부패한 우리의 마음 때문이다. 이 말을 듣는 순간 실망을 넘어서 절망할지도 모르겠다. 과연 그렇다.

우리의 마음은 실망의 대상이 아니라 절망의 대상이다. 이를 신학 용어로 '전적 부패'라고 부른다. 전적 부패라는 말을 영어로 표현하면 'total depravity'인데 이 depravity라는 단어에 주목할 필요가 있다.

이 단어의 사전적 의미는 '부패, 타락'인데, 단순히 행위에 있어서 부도덕이나 불성실을 의미하는 것이 아니다. 주어진 상황이나 상태가 부족하거나 불의한 상태를 의미한다. 거룩하지 않은 상태를 의미한다. 한마디로 하나님께서 창조하신 원래의 완전한 상태에서 벗어난, 기준에서 떨어진 것을 말한다. 특히 depravity는 결과로 파생된 열매를 의미한다고 한다. 부정과 부패한 결과를 가져온 원인은 부도덕과 불성실이 되는 것이다.

이러한 부정부패함이 total 즉 전적인 면에 스며들어 있는 것이 인간의 모습이다. 육신뿐 아니라 정신과 영혼에 이르기까지 그 영향을 미치고 있다. 그러므로 죄 때문에 인간이 전적으로 부패되었다는 것은 영혼육에 걸쳐 거룩에 미치지 못한 부정한 상태 즉, 흠 있는 상태를 말한다.

성경은 우리에게 선한 것이란 아무것도 없는데 거기다 그 부패한 모습조차 자꾸 잊어버리니 더 절망스럽다고 아프게 지적하고 있다.

어린 시절 '자전거'라는 동요를 한 번쯤 불러 봤을 것이다.

따르릉 따르릉 비켜나세요
자전거가 나갑니다 따르르르릉
저기 가는 저 사람 조심하셔요
어물어물 하다가는 큰일 납니다

이 동요의 노랫말을 곰곰 곱씹어 본 적은 없었다. 인간의 전적인 타락, 전적 부패의 모습을 묵상하면서 이 동요 가사가 생각났는데 왠지 가슴이 찔렸다. 노랫말을 곱씹어 보니 지극히 자기중심적이었기 때문이다.

자전거를 운전하는 주체는 나다. 내가 자전거를 운전하고 가기 때문에 사람이나 장애물을 비켜서 운전해야 함에도 자전거와 마주칠 불특정 다수에게 비켜나라고 말하고 있다. 게다가 우물쭈물하다가 다칠 수 있다는 협박성 멘트까지 서슴지 않는다.

바로 이런 모습이 우리 인간의 모습이 아닌가 싶다. 지극히 자기중심적이며 자기애로 꽉 차서 세상을 따르고 있는 모습이다. 이것이 바로 본질적으로 하나님의 진노 앞에 설 수밖에 없게 만드는 것이다. 바울은 인간 본연의 모습에 대해서 이렇게 말했다.

모든 사람이 죄를 범하였으매 하나님의 영광에 이르지 못하더니 ○ 롬 3:23

그렇다. 우리는 모든 면에서 부패했다.

스스로 채우지 못할 기준

우리나라 근대화 무렵의 이야기다. 시골 청년과 서울 처녀가 결혼하게 되었다. 각자 살아온 환경이 다른 두 사람이 한 가정을 꾸리기로 약속하고 신접살림을 차렸는데, 서울 처녀가 비누를 챙겨 왔다. 당시 비누는 서울 사람들한테나 익숙한 것이지 시골 사람들에겐 아직 생소한 것이었다.

첫날밤, 남편이 얼굴을 씻으러 나갔을 때 세면대 위에 고이 모셔 놓은 비누가 눈에 들어왔다. 남편은 비누를 한참이나 쳐다보며 '과연 저게 무엇에 쓰는 물건인고' 하고 고심했다. 더구나 그 낯선 물건에서 향긋한 향기까지 나는 게 아닌가. 남편은 무릎을 쳤다.

'아! 먹는 것이로구나. 과연 서울 각시라 이런 곳에도 먹는 걸 놓는군.'

기특한 생각이 들었고 그 향기 나는 것을 맛있게 한 입 베어 물었다. 바로 그때 신부가 남편의 그 모습을 보고 깜짝 놀라서 소리쳤다.

"아니 지금 뭐 하는 거예요? 비누를 먹으면 어째요? 몸 씻는 비누 몰라요?"

신부의 반응에 겸연쩍어진 신랑이 자존심이 상한 나머지 이렇게 둘러댔다고 한다.

"비누를 모르는 사람이 어딨어? 자고로 사람은 겉만 씻는 게 중요한 게 아니라 속도 깨끗하게 씻어야 한다구."

웃지 못할 이야기이지만, 정말이지 이런 비누가 있다면 얼마나 좋을까. 우리 안의 죄성을 깨끗이 씻어 낼 수 있다면 말이다.

우리는 모두 하나님의 기준에 이를 수 없다. 우리는 이미 완전히 부패했기 때문이다. 그러니 당연히 스스로 구원할 수 없다. 그 구원은 우리에게 나는 것이 아니며 우리 스스로 구원을 이룰 수 없다고 성경은 분명히 말한다.

> 네가 잿물로 스스로 씻으며 네가 많은 비누를 쓸지라도 네
> 죄악이 내 앞에 그대로 있으리니 ◦ 렘 2:22

우리의 속을 깨끗하게 하는 비누는 없다. 사도 바울의 절절한 고백을 들어 보라.

> 내가 행하는 것을 내가 알지 못하노니 곧 내가 원하는 것은
> 행하지 아니하고 도리어 미워하는 것을 행함이라 ◦ 롬 7:15

사도 바울은 정말 원하는 것은 행하지 않고 오히려 원치 않는 걸 행하는 자신의 연약함을 보고 "오호라 나는 곤고한 사람이로다 이 사망의 몸에서 누가 나를 건져내랴"(롬 7:24)

고 한탄했다.

이처럼 우리는 스스로 구원할 수 없다. 스스로 죄의 늪에서 빠져나올 수 없다. 누군가 건져 주어야 한다. 누군가 구원해 주어야 한다. 이런 우리를 향해 하나님은 가만히 계시지 않는다. 이렇게 약속하신다.

> 허물로 죽은 우리를 그리스도와 함께 살리셨고 너희는 은혜로 구원을 받은 것이라 ◦ 엡 2:5

지금 이 순간 부족하고 연약한 나의 모습을 온전히 깨닫게 될 때 우리는 우리를 사랑하시는 하나님의 사랑과 은혜를 만나게 된다. 구원은 은혜로 받아야 하는 선물인 것이다.

주일학교 아이들이 예배 시간에 부르는 찬양 중에 아주 간단하면서도 구원에 대해 확실하게 알려 주는 찬양이 있다.

> 돈으로도 못 가요, 하나님 나라
> 힘으로도 못 가요, 하나님 나라
> 벼슬로도 못 가요, 하나님 나라
> 지식으로 못 가요, 하나님 나라
> 어여뻐도 못 가요, 하나님 나라
> 맘 착해도 못 가요, 하나님 나라

거듭나면 가는 나라 하나님 나라

믿음으로 가는 나라 하나님 나라

은혜의 완전무결함

우리는 하나님의 은혜로 인해 믿음을 갖게 되고 그 믿음으로 구원을 받게 된다(엡 2:8). 오늘 우리가 구원을 받은 그 은혜는 지극히 풍성한 은혜, 즉 예수 그리스도 안에 있는 은혜다.

그런데 우리가 흔히 은혜에 대해 착각하는 것이 있다. 커다란 잘못을 저질렀을지라도 하나님의 은혜가 임하면 하나님이 무조건 덮을 것이라는 생각이다. 그러나 그것은 잘못된 생각이다.

하나님은 공의로우신 분이다. 하나님은 죄를 미워하신다. 그러나 죄인을 사랑하신다. 죄인을 사랑하시므로 하나님께서 공의로운 심판에 은혜를 부으실 뿐이다. 다만 우리가 받아 마땅한 죄에 대한 심판을 예수 그리스도가 대신해 받으시고 형벌을 짊어지신 것이다. 예수 그리스도의 십자가 죽음으로 인해 하나님의 공의가 온전히 이루어졌다.

우리가 아직 죄인 되었을 때에 그리스도께서 우리를 위하여 죽으심으로 하나님께서 우리에 대한 자기의 사랑을 확증하셨느니라 ◦ 롬 5:8

군이 우리의 부패한 자리까지 내려오셔서 대신 죽으신 사랑, 이보다 더 큰 사랑이 어디 있을까. 우리가 받아야 할 형벌을 대신 받으심으로 하나님의 공의를 이루신 그 은혜는 결코 값싼 은혜가 아니다. 독생자 예수 그리스도의 생명이 죄 값이었으니 어찌 값싼 은혜일 수 있겠는가. 이사야의 고백이 바로 우리의 고백이다.

그가 찔림은 우리의 허물 때문이요 그가 상함은 우리의 죄악 때문이라 그가 징계를 받으므로 우리는 평화를 누리고 그가 채찍에 맞으므로 우리는 나음을 받았도다 우리는 다 양 같아서 그릇 행하여 각기 제 길로 갔거늘 여호와께서는 우리 모두의 죄악을 그에게 담당시키셨도다 ◦ 사 53:5-6

예수 그리스도의 십자가가 이룩한 하나님의 공의는 완전무결한 구원의 길이다. 그런데 하나님은 왜 이런 은혜를 우리에게 주신 것일까. 아들을 죽이기까지 하면서 왜 우리를 구원하신 것일까?

61
....

나는 자라나면서 교회에서 예수님이 나를 위해 죽으셨다는 말을 귀에 못이 박히도록 들었지만 그 사실이 마음으로 믿어지지 않았다. 그러던 중에 처음으로 성찬식에 참여하게 되었다. 그때 나를 위해 십자가에 달려 죽으신 예수 그리스도의 피와 몸을 상징하는 떡과 잔을 드는데 갑자기 마음이 뜨거워지며 비로소 깨달아졌다.

'아… 예수님이 정말 나를 위해 죽으셨구나!'

그 순간 몹시 죄송하면서 감사하고 무엇보다 속에서 뜨거운 것들이 밀려 올라와 벅찬 감동에 몸둘 바를 몰랐다. 그때가 한여름이었는데 예배가 끝날 즈음 큰 소나기가 내리는 바람에 예배 후에도 성도들이 나가지 못하고 비가 그치기를 기다리고 있었다. 하지만 나는 속에서 뜨거운 것이 들끓어 혼자 그 길로 빗속을 뚫고 나갔다. 한참 뛰다가 교회 옆 큰 운동장 공터에 우뚝 섰다. 빗소리가 온 지면을 다 채우는 가운데 나 홀로 서서 하늘을 향해 이렇게 외쳤다.

"왜?"

"예수님 왜?

날 위해 죽으셨어요?

난 주님을 위해 한 게 하나도 없는데 왜?

왜 나를 위해 죽으셔야만 했나요?"

어린 소년이던 나는 하나님의 사랑을 이해할 수 없었다.

예수님이 날 위해 죽으셨다는 사실을 느끼고 확신한 기쁜 순간이었지만 그럼에도 아들까지 내어주신 하나님을 이해할 수 없었다. 그러다 얼마 뒤 말씀을 보다가 이해할 수 없는 그것을 이해하게 되었다.

요한일서의 말씀이었다.

> 하나님이 우리를 사랑하시는 사랑을 우리가 알고 믿었노니
> 하나님은 사랑이시라… 우리가 사랑함은 그가 먼저 우리를
> 사랑하셨음이라 ◦ 요일 4:16-19

사랑의 하나님이기에 우리에게 구원을 베풀어 주신 것이다. 이것은 우리가 힘으로 얻은 것도 아니고 하나님의 선물일 뿐이다. 선물은 주는 자가 결정한다. 주는 자가 중요하다. 그래서 성경은 또 말씀한다. 구원은 자격 없는 우리를 향해 조건 없이 주시는 하나님의 사랑이요 은혜다.

성도들로부터 자주 받는 질문이 있다. 하나님이 왜 지옥을 만드셔서 믿지 않는 사람을 지옥으로 가게 하느냐는 것이다. 그런데 이 질문은 질문 자체가 틀렸다. 우리는 누구나 부패함으로 원래 지옥행이 결정된 사람들이다. 그런 우리에게 하나님은 예수 그리스도를 십자가에 내어 주심으로 구원하셨다.

예수께서 들으시고 그들에게 이르시되 건강한 자에게는 의사가 쓸 데 없고 병든 자에게라야 쓸 데 있느니라 나는 의인을 부르러 온 것이 아니요 죄인을 부르러 왔노라 하시니라 ○ 막 2:17

믿음으로 선물을 받으라

에베소서 2장 8절에는 "너희는 그 은혜에 의하여 믿음으로 말미암아 구원을 받았으니 이것은 너희에게서 난 것이 아니요 하나님의 선물이라"라고 기록되어 있다. 여기서 "믿음으로 말미암았다"는 의미는 어떤 행위를 의미하는 게 아니다. 이를 영어성경(NIV)에서 보면 'through faith'라고 표현하고 있다. 말하자면 믿음은 또 다른 행위가 아니라 우리에게 은혜를 주시는 하나님의 사랑에 대한 자연적인 반응을 말한다. 선물을 주시는 하나님께 그 선물을 받는 것이다. 조건 없고 자격 없는 자에게 주시는 하나님의 은혜를 그대로 받는 것, 바로 그것을 믿음의 모습이라고 성경은 설명한다.

은혜로 주신 선물은 우리가 믿음으로 받는다. 그 믿음은 나의 부패한 상태를 이해하고 인정하는 것이다. 나를 대신해 십자가에 죽으시고 은혜를 베푸시며 공의를 이루신 하나님의 은혜를 받는 것, 곧 믿는 것이다. 이 사랑의 선물을 받아 우리는 구원을 얻는다. 주인은 이미 선물을 주고자 손을 내미셨고, 믿음은 손을 내밀어 그 선물을 받는 것이다. 우리는 그 믿음으로 구원을 받는다. 그저 선물을 잘 받기만 하면 된다.

《아름다운 시작》의 저자 주선태 교수는 이 책을 통해 자신이 어떻게 하나님을 믿게 되었는지를 서술하고 있다. 축산학과 교수인 그는 '고기 박사'라는 별명이 붙은 유명한 분이다. 그런 그에게 사랑하는 어머니가 세상을 떠나면서 세 가지 유언을 남겼다.

첫째, 절대로 정치하지 마라.

둘째, 절대로 개고기 먹지 마라.

셋째, 절대로 예수 믿지 마라.

효심이 남달랐던 그는 어머니의 유언에 따라 정치도 안하고 축산학과 교수인데도 개고기를 입에 대지 않았다. 그런데 세 번째 유언을 지키지 못할 일이 벌어졌다. 미국에 사는 딸이 다닌다는 교회에 함께 갔다가 하나님을 만난 것이다. 하나님이 주신 구원의 선물을 받게 된 것이다. 그는 '믿음으로 구원을 받는다'는 사실을 깨달았으나 문제는 어머니의 유언이었다. 예수를 믿고 나서 돌아온 첫 번째 제사에서 그는 먼저 하나님께 이해를 구했다.

'하나님, 이건 제사가 아니니 질투하지 마십시오. 하나님, 제 엄마와 얘기하고 싶을 뿐입니다.'

그러고는 제사를 지내는 동안 엄마에게 독백을 하기 시작했다. 다음은 그의 책에서 인용한 내용이다.

"엄마는 내가 무슨 말을 할지 이미 알고 계신 듯했다. 엄마를 만나자 뜨거운 눈물이 줄줄 흘러 나왔다. 한동안 말을 못하고 있었다. 그냥 울기만 했다. 그러다 말문을 열었다.

'엄마, 엄마가 틀렸어. 이때까지 나 엄마 말 잘 들었지. 나 엄마의 멋진 아들이었지. 그러니까 이번엔 내 말대로 해.'

엄마는 말없이 나를 쳐다보고 계셨다.

'엄마, 내가 엄마보다 더 똑똑하고 많이 배웠지. 엄마보다 현명하게 살라고 그렇게 나 힘들게 가르쳤잖아. 그래서 엄마 아들 박사 되고 교수됐잖아. 이제 엄마보다 똑똑한 교수 아들 말 들어. 엄마가 잘못 알았어.'

내가 계속 울면서 이야기하니 우리 엄마도 같이 우셨다.

'엄마, 우리 집에서 굿할 때 창피하게 동네 사람들 다 쳐다보는데 나에게 무당이 시키는 대로 이리 절하고 저리 절하라고 했지. 나 시키는 대로 다 했어.

그런데 이제 엄마 차례야. 엄마의 그 잘난 아들이 하나님께 선택되었어. 엄마가 그렇게 싫어했던 예수쟁이가 되고 싶어. 엄마가 그랬지, 이런 것은 인력으로 어찌할 수 없는 거라고.

어쩌면 좋을까. 엄마가 믿었던 미신들 다 버리고 나랑 같이 교회 가면 안 될까? 그동안 아무 생각 없이 엄마가 좋아하니까 내가 엄마 쫓아갔듯이 이제는 엄마가 똑똑한 박사 아들, 교수 아들 쫓아오면 안 될까?'"

　　이런 하나님의 선물이 바로 구원의 은혜다. 우리가 그 은혜로 인하여 믿음으로 구원을 받았나니 이것은 우리에게 난 것이 아니라 하나님의 선물이다.

　　Amazing Grace! 이 얼마나 놀라운 은혜인가!

용서의 은혜:
은혜 받은 자의 특권

정말 용서할 수 있을까?

사랑의 원자탄 하면 떠오르는 인물이 있다. 바로 손양원 목사다. 그분에게 이 같은 별명이 붙은 이유는 그만큼 폭탄급 사랑을 실천했기 때문이다. 손양원 목사는 사랑하는 두 아들의 생명을 빼앗아 간 살인자를 용서한 것도 모자라 원수를 양자로 삼아 많은 이들에게 용서가 무엇이고 사랑이 무엇인지를 보여 준 분이다.

손양원 목사는 여수 애양원 담임목사로 부임하여 25년간 소외 받는 한센병 환자들을 돌보며 복음과 사랑을 전했다. 일제의 신사참배 강요에 굴복하지 않아 6년간 옥고를 치르기도 했다. 해방 후에는 여순반란사건으로 궁지에 몰린 좌익 세력 중 하나인 안재선이 손양원 목사의 두 아들을 살해해 하루아침에 두 아들을 잃는 슬픔을 당했다. 하지만 어떤 순간에도 손양원 목사는 좌절하거나 비탄에 잠기지 않았다. 그리스도의 종으로서 그 사랑을 전해야 한다는 결단으로 그는 오히려 살인자를 용서하고 양아들로 받아들였다.

사람들은 "역시 사랑의 원자탄!"하고 감탄했지만 정작 가족들은 그렇지 못했다. 손 목사의 딸인 손동희 권사가 쓴 책을 보면 살인자를 양자로 받아들이는 과정에서 가족 간에 갈등이 만만찮았던 것을 알 수 있다. 손동희 권사는 살인자를 양아들로 받아들이겠다는 아버지의 결정에 강력하게 반발했다.

"용서도 용서지만 아들까지 삼으면 내 오빠가 될 텐데 나더러 그 원수를 오빠라고 부르란 말입니까? 세상을 먼저 떠난 오빠들의 한 맺힌 소리가 아버지는 들리지 않습니까?"

피를 토하듯 절규했을 때 아버지 손 목사는 딸에게 이렇게 말했다.

"두 오빠는 천국에 갔고 그들을 죽인 자는 지옥에 갈 것인데 전도하는 자가 지옥 가는 그를 보고만 있으란 말이냐."

그러고는 사람을 보내 사형에 처할 위기에 놓인 안재선

을 구해 냈다. 손양원 목사는 누구도 감히 근접할 수 없는 용서의 모범을 보인 것이다.

그가 섬긴 애양원에 찾아가 이야기를 들은 적이 있다. 안재선을 양자로 삼는 과정에서 손양원 목사의 사모의 고통이 매우 컸었다는 것이다. 먼저 용서하겠다고 선포한 손 목사와 달리 사모는 양아들 안재선을 볼 때마다 속에서 뜨거운 불덩이가 치솟는 것 같은 괴로움에 시달려야 했다. 새벽기도와 산기도, 철야기도를 전전하며 그 분노를 견디려 애를 썼다.

사모의 고통은 용서하기 위한 몸부림이었다. 얼마나 용서하기 힘들면 그랬겠는가. 용서는 이처럼 결코 쉽지 않은 일이다.

우리는 일상을 살면서도 무수히 상처를 받고 상처를 주며 살아간다. 내게 상처 준 그 사람만 생각하면 분노가 치밀어서 '절대로 용서 못해' 한다. 시간이 흘러 자연스럽게 용서가 되었더라도 다시 그 사건이 수면에 떠오르면 마음이 힘들고 괴롭다. 말씀을 따라 살려면 용서해야 마땅한데 그럼에도 '용서가 돼야지 용서를 하지' 하는 여전히 뜨거운 감정이 우리를 지배한다.

그래서일까, 오랫동안 감옥에 갇혀 살았던 남아프리카공화국의 지도자 넬슨 만델라는 이런 말을 남겼다.

"원한을 품는 것은 스스로 독약을 마시고 적이 죽기를 바라는 것과 같다."

증오하고 미워하며 원한을 품는 것은 마치 내가 독약을 먹고는 그 원수가 세상 떠나기를 바라는 것과 같다는 것이다. 용서하지 못하는 것은 바로 우리가 독약을 먹는 것이다.

이처럼 용서보다 더 고통스러운 것은 용서할 수 없는 우리 자신이다. 용서할 수 없는 감정은 만델라의 표현처럼 스스로를 죽이는 독약과 같다.

그런 우리를 바라보는 하나님의 심정은 어떨까? 하나님은 우리가 하나님을 의지해서 용서할 수 없는 그 고통스런 감정의 수렁에서 빠져나오길 원하신다. 자유해져서 용서하길 원하신다. 이때 절대적으로 필요한 것이 하나님의 은혜다.

용서, 은혜의 특권

왜 용서해야 할까? 아니 과연 용서가 가능할까? 아직도 그 일만 떠올리면, 그 사람만 생각하면 마음이 불타는 것 같은데 과연 용서할 수 있을까?

하나님은 우리가 스스로 용서를 해결할 수 없음을 아신다. 그래서 용서를 위해 은혜를 구하라고 하신다. 다시 말해 은혜로 용서하라는 것이다.

> 서로 용서하기를 하나님이 그리스도 안에서 너희를 용서하
> 심과 같이 하라 ◦ 엡 4:32

이것이 하나님께서 우리에게 요구하시는 용서의 자세다. 하나님은 우리에게 친절하게 설명하고 계신다. 용서를 하되 그 예표로 예수 그리스도가 우리를 용서하셨던 것같이 하라는 것이다. 이것이 용서의 시작이란 사실을 분명히 하신다.

그렇다면 예수님이 우리를 어떻게 용서하셨는지 살펴봐야 한다. 우리는 죄 가운데 있었다. 또 죄 가운데 살았다. 우리는 용서 받을 자격도 없는 존재다. 그런 우리를 예수님은 용서하셨다. 우리는 용서 받으리라고 생각도 못하고 있었는데, 예수님은 은혜로 우리를 용서하시고 심지어 의인으로 불러 주셨다.

"서로 용서하라"에서 용서의 헬라어 원어는 '카리조마이'로 '용서하다'는 뜻도 있지만 '은혜를 베풀다'는 뜻도 있다. '카리조마이'가 '카리스' 즉 은혜라는 단어에서 왔기 때문이다. 그래서 '은혜를 베푼다'는 '용서한다'는 의미다. 용서하는 것은 이처럼 은혜를 베푸는 것이어서 공평한 일이 아니다. 자격 없는 우리를 사랑으로 구원해 주신 하나님의

사랑, 그 사랑이 곧 용서이기에 결코 공평할 수 없다. 따라서 은혜 베푸는 일은 동등한 자격을 가진 자에게 하는 것이 아니다. 예수 그리스도 안에서만 용서할 수 있다.

우리가 구원 받은 것부터가 죄에서 용서 받은 것이다. 용서 받을 자격이 없는 우리로 인해 그의 아들 예수 그리스도께서 십자가에 죽으셨다. 예수님은 우리를 향해 자기의 모든 것들을 쏟으셨다. 그의 죽음으로 하나님의 용서하심을 입는 그 용서함. 그러므로 이것이 은혜를 베푸심이라고 말씀하신다.

예수님의 용서하심은 성경의 많은 곳에서 발견된다.

예수님은 사마리아 여인을 만났을 때 그녀를 불쌍히 여기셨다. 사마리아 여인은 남편을 여섯 번이나 바꾼 일로 수치를 당했다. 사람들의 손가락질을 받지 않기 위해 그녀는 사람들이 다니지 않는 한낮에 물을 뜨러 우물가에 나왔다. 그런 그녀가 예수님을 만난 뒤 공허하고 폐쇄적인 삶을 벗어던지고 영원한 생수의 은혜를 먹는 기쁜 삶을 살게 되었다. 그녀가 수치를 당한 죄가 용서되었기 때문이고, 그녀에게 수치를 준 사람들을 용서할 수 있었기 때문이다.

예수님의 수제자로 자처하던 베드로는 고통당하는 예수님을 세 번이나 부인했다. 그 일로 그는 자괴감에 빠졌고 절망으로 무너졌다. 예수님을 만나기 전의 어부 생활로 돌아간 베드로를 예수님이 부활한 후 찾아오셨다. 그리고 스스로 배은망덕이라고 자책하는 베드로를 용서하시고 그 마음을 위로해 주셨다.

예수님은 오늘도 자격 없는 우리를 용서하신다. 그리고 예수님처럼 너희도 용서하라고 가르치신다. 은혜를 알고 은혜에 반응하고 있다면 용서는 쉽게 수용된다. 하지만 우리를 향한 하나님의 용서를 이해하지 못하면 우리는 누구도 용서할 수 없다. 한마디로 하나님이 공급하는 은혜 안에 있지 못하면 용서해야 한다는 것은 알아도 할 수가 없다.

그러므로 용서라는 명제 앞에서 우리는 먼저 은혜를 구해야 한다.

이에 예수께서 이르시되 아버지 저들을 사하여 주옵소서
자기들이 하는 것을 알지 못함이니이다 하시더라 ◦ 눅 23:34

자신을 십자가에 못 박는 로마 군인들을 용서하셨던 주님, 저들이 자기 하는 일을 알지 못하니 죄를 용서해 달라던 주님의 간구하심을 떠올리며 용서할 수 있는 은혜를 구해야 한다. 아니 자신이 받은 은혜, 지금도 임한 은혜를 알아야 한다. 그렇게 될 때 "주께서 너희를 용서하신 것같이 너희도 그리하고"(골 3:13)라는 말씀이 귀에 들어온다.

일상 은혜의 힘

R. A. 토레이(Torrey) 목사에게 한 여인이 찾아와 하나님의 은혜를 좀 더 깊이 경험하고 싶다고 말했다. 토레이 목사는 그녀에게 이렇게 말했다.

"무엇을 기도하고 계십니까? 여러 가지 기도 제목들 다 내려놓고 앞으로 한 가지만 집중해서 기도하십시오. '하나님, 내가 나 자신을 좀 더 알게 해 주십시오'라고 말입니다."

며칠 뒤 그녀가 다시 토레이 목사를 찾아왔다.

"목사님, 가르쳐 주신 대로 나 자신을 알게 해 달라고 기도했더니 너무 부끄러워서 견딜 수가 없습니다. 내가 얼마나 더럽고 추하며 연약한 존재인지 알게 된 순간 창피해서 죽을 것만 같습니다."

그러자 토레이 목사는 "이번에는 '하나님, 십자가만 볼 수 있도록 해 주십시오'라고 기도하십시오"라고 말했다.

그녀는 토레이 목사의 말대로 기도했고, 그러자 그토록 더럽고 추한 나를 죽기까지 사랑하며 용서하신 예수 그리스도의 사랑, 하나님의 은혜를 경험할 수 있었다. 그 순간 창피해서 죽을 것 같던 자신을 용서할 수 있었고 하나님의 은혜 가운데 신앙생활을 할 수 있게 되었다.

받을 자격이 없는 우리를 향해 조건 없는 은혜를 주시는 하나님의 사랑, 하나님의 은혜를 깨달았다면 우리 역시 이 받은 은혜를 주위에 흘려보내야 한다. 그중 하나가 용서다.

그러고 보면 용서야말로 은혜가 주는 귀한 특권이다.

불쌍히 여겨야 용서할 수 있다

우리는 용서 받은 죄인이고, 그 용서는 전적인 하나님의 은혜로 부어지는 것임을 안다. 값없이 용서를 받은 우리가 보일 반응은 그 은혜를 흘려보내는 것이다. 하나님이 용서하신 것같이 용서해야 하는 것이다. 그러기 위해선 먼저 이해해야 한다.

> 서로 친절하게 하며 불쌍히 여기며 서로 용서하기를 하나
> 님이 그리스도 안에서 너희를 용서하심과 같이 하라
>
> ○ 엡 4:32

'이해하다'와 같은 맥락에 있는 것이 "불쌍히 여기며"다. '불쌍히 여기다'는 영어로 'tenderhearted'이다. 상황과 상태가 어떠한지를 살피며 인간의 가장 연약한 모습을 이해하는 마음의 모습이다. tender 즉 부드러운 마음으로 다른 사람을 이해하려면 온유함이 필요하다.

오래전에 알고 지내던 어느 성도의 이야기다. 그는 성격

이 매우 강해서 교회 안에서 말과 행동으로 상처를 주어 많은 사람을 힘들게 했다.

그러던 어느 날 우연한 기회에 상처 많은 그의 성장사를 듣게 되었다. 그날 이후 그를 바라보는 시각이 달라졌다. 그의 말과 행동이 이해되었고, 그가 불편하기보다 안타깝게 여겨졌다. 여전히 말과 행동이 가시같이 찌르는 듯했지만 그의 입장에서 그것들을 바라보니 저절로 부드러운 마음과 불쌍히 여기는 마음이 들었다.

용서는 이처럼 상대를 이해하는 데서 시작된다. 상대방을 이해한다는 것은 그 입장이 되어 생각해 보는 것이다. 어린 시절 그처럼 아픈 상처를 겪었다면, 그 상처가 매 순간 그의 발목을 잡았다면, 그래서 실패가 많았고 그로 인해 두려움이 그 안에 가득하다면, 나라도 그와 다르지 않았을 거라는 이해와 공감을 갖게 될 때 용서가 시작된다.

하나님께서 우리에게 서로 용서하라 하신 것은 우리 안에 이 불쌍히 여기는 마음을 은혜로 주시겠다는 약속을 전제로 한 명령이다. 상대방의 사정을 이해하고 부드럽게 바라보는 마음을 하나님께서 은혜로 공급해 주신다.

1961년 나치당에 대한 국제재판이 열렸다. 이때 여러 사람이 재판에 회부되었는데, 그중 가장 유명한 사람이 아돌프 아이히만(Adolf Eichmann)이었다. 그는 유태인 수만 명의

77
....

생명을 빼앗은 원흉으로 꼽히고 있었다.

　마침내 그의 재판이 열리던 날, 아우슈비츠 수용소에서
살아남은 유태인 예이엘 디무르가 그날 증인으로 법정에
섰다. 재판장이 증인에게 물었다.

　"증인, 저 사람을 똑바로 보십시오. 저 사람이 아이히만
이 맞습니까?"

　"네, 그런 것 같습니다."

　"증인, 좀 더 가까이 가서 그 사람을 보고 확실히 증언해
주셔야 합니다. 아이히만이 맞습니까?"

　그러자 아이히만 앞으로 바짝 다가선 디무르는 그를 한
참이나 뚫어지게 쳐다보더니 그만 기절해 버렸다. 사람들은
그 모습을 보고 지난날의 악몽이 되살아나서 기절했을 거
라고 생각했다. 한참이 지난 후 정신을 차린 디무르에게 재
판장이 다시 물었다.

　"증인, 왜 기절하셨습니까? 과거의 악몽이 되살아나서
그랬나요?"

　그때 디무르는 모두가 예상했던 대답이 아닌 다른 대답
을 했다.

　"아닙니다. 제가 가까이 다가가서 저 사람의 얼굴을 들
여다보는데 너무 평범하게 생겨서 충격을 받았습니다. 저렇
게 평범한 사람이 어떻게 수많은 우리 동료들을 가스실로

일상 은혜의 힘

들여보낸 장본인일까, 그렇다면 저도 아이히만의 입장에 있었다면 그런 무시무시한 죄를 저질렀겠구나 싶어서 충격을 받았던 것입니다."

우리는 누구나 연약한 존재다. 너나할 것 없이 부족하고 상처를 줄 수 있다. 상처를 받기도 하지만 돌아서면 상처를 주는 사람이 될 수도 있다. 우리의 이런 모습을 제대로 바라보며 용서의 은혜를 구해야 한다. 하나님은 예수님이 우리를 용서하셨듯이 우리도 서로 용서하라고 하신다. 또한 서로를 불쌍히 여기며 용서하라고 하신다. 부드러운 마음으로 불쌍히 여기는 마음, 이것이 용서의 시작이다.

친절하면 용서의 은혜가 임한다

영국의 제독으로 활약한 웰링턴 장군의 이야기다. 그는 휘하에 많은 병사를 두었는데 그중 상습적으로 탈영하는 부하가 있어서 몹시 고민이 되었다. 이제 한 번만 더 탈영했다가 붙잡히면 그는 사형에 처해질 것이었다. 그리고 마침내 우려했던 일이 벌어졌다.

"내가 너를 교육도 시켜 보았고 상담도 해 보았고 처벌도 해 보았고 채찍을 들어 때려 보기도 했고 노동도 시켜 보았고 심각한 벌도 주었지만 너는 변하지 않는구나. 그래서 나는 너에게 사형을 내릴 수밖에 없다."

장군의 이 말에 탈영병은 아무 대꾸도 못한 채 고개를 떨구고 있었다. 그때 장군 옆에 앉아 있던 참모가 나섰다.

"각하, 아직 한 번도 시도하지 않은 것이 있습니다."

"시도하지 않은 게 있다니 그게 뭔가?"

"각하는 아직 이 사람을 용서해 보신 적이 없습니다."

"음… 자네 말이 맞네."

장군은 부하를 용서하기로 했다. 어떠한 벌도 내리지 않고 마지막으로 용서라는 벌을 내리자 그토록 변하지 않던 부하가 완전히 바뀌었다. 누구보다 충성된 군인이 되었고 장군은 그로써 좋은 부하 한 사람을 얻었다. 용서가 가져온 귀한 변화다.

하나님의 은혜를 입은 자들이 누릴 수 있는 용서하는 삶, 용서의 은혜를 잘 누리려면 상대방을 이해하는 마음과 더불어 친절함을 갖추어야 한다.

부드러운 마음은 용서할 준비를 갖고 사는 것이다. 보복을 하고 원한을 갚고 받아치기 위해 준비된 삶이 아니라 우리 인생의 연약함을 이해하는 부드러운 마음으로 용서할 준비를 하는 삶이어야 한다.

용서를 위해 하나님은 부드러운 마음과 함께 친절하라

고 요구하신다. "서로에게 친절하게 하며"(엡 4:32)는 용서의 삶과 깊은 연관이 있다.

친절은 영어로 'kindness'다. 헬라어 크레스토스에서 유래된 단어인데 그 어원을 살펴보면 '무엇인가 긍정적으로 도움이 된다'는 의미가 있다. 크레스토스와 비슷한 단어 중에 크리스토스라는 단어가 있는데, 바로 그리스도다. 크레스토스와 그리스도는 같은 단어처럼 아주 가깝게 사용된다.

하나님은 우리에게 아주 친절하시다. 예수 그리스도가 십자가에 죽기까지 우리에게 향해 베푸신 은총과 선함이 곧 친절의 표상이다. 성경도 하나님이 곧 친절함이라고 증언하고 있다.

> 혹 네가 하나님의 인자하심이 너를 인도하여 회개하게 하
> 심을 알지 못하여 ○ 롬 2:4

영어성경(NIV)은 '하나님의 인자하심'을 'God's kindness' 라고 표현하고 있다. 하나님의 인자하심은 곧 하나님의 친절하심인 것이다. 위 말씀을 친절로 바꾸어 표현하면 이렇다. '하나님의 친절하심이 너로 회개하도록 하고 있음을 알지 못하느냐, 하나님의 친절하심이 너로 하여금 돌아오게 하고 있음을 알지 못하느냐.' 하나님의 용서, 하나님의 친절

하심으로 은총을 베푸시고 깨닫게 하시고 미안하게 하시고 회개하게 하시고 돌아오게 하신다는 의미다.

성경은 이 똑같은 단어를 한 번이 아니라 계속해서 사용하며 서로 친절하라고 한다. 하나님의 친절함은 우리로 하여금 미안한 마음을 갖게 만든다. 안 그래도 미안하고 안 그래도 용서를 구하고 싶은데 더 찔리고 더 회개하고 더 다가오게 만든다. 더욱 용서를 구하며 미안하다고 말하고 싶게 만든다. 하나님이 우리에게 그랬듯이 우리도 상대가 스스로 잘못을 깨달을 수 있도록 친절하라고 하신다. 로마서는 이 친절함을 보다 구체적으로 묘사하고 있다.

> 너희를 박해하는 자를 축복하라 축복하고 저주하지 말라…
> 아무에게도 악을 악으로 갚지 말고 모든 사람 앞에서 선한
> 일을 도모하라… 네 원수가 주리거든 먹이고 목마르거든
> 마시게 하라 그리함으로 네가 숯불을 그 머리에 쌓아 놓으
> 리라 ○ 롬 12:14-20

박해하는 자를 축복하고 저주하지 말며, 악으로 악을 갚지 말고 선한 일을 행하며, 나를 괴롭히는 자를 위해 음식을 대접하라 하신다. 이런 친절을 베풀 때 원수의 머리 위에 숯불을 쌓는 것처럼 원수가 깨닫게 된다고 하신다. 다

시 말해 원수가 회개하고 돌이키며 미안한 마음을 갖게 된다는 것이다. 하나님의 은혜는 친절함과 부드러운 마음으로 용서의 은혜를 누리게 한다. 궁극적으로 관계가 회복되는 은혜를 누리는 것이다.

용서의 꽃

앞서 손양원 목사의 용서를 언급했는데 그 후의 이야기를 조금 더 해 보겠다. 손양원 목사는 아들 둘을 잃고 나서 2년 뒤에 공산주의자들에 의해 순교를 당했다. 손양원 목사의 장례식에는 두 아들을 살해한 장본인이자 손 목사의 양자가 된 안재선, 아니 손재선이 상주로 섰다. 안재선에게도 아들이 있었는데 안경선으로 훗날 목사가 되었다.

안경선이 고등학교 3학년이었을 때, 어떤 사람이 책 한 권을 쥐어 주며 책 속에 네 이야기가 있다고 말해 주었다. 그 책이 바로 《사랑의 원자탄》이다. 책을 전달해 준 사람은 작은아버지, 즉 손양원 목사의 막내아들로 손 목사가 순교한 해에 태어난 아들이었다.

안경선은 자신의 아버지의 과거가 어떠한지 전혀 알지 못하다가 그 책을 읽고 난 뒤 아버지가 어떤 사람이었는지,

자신이 어떻게 이 세상에 있게 되었는지 알게 되었다. 그에겐 모든 것이 충격이었다. 그 위대한 하나님의 종 손 목사에게 상처를 준 사람이 아버지라는 사실에 큰 충격을 받고 방황하기 시작했다.

'내가 살인자의 아들이라니…!'

죄책감과 상실감이 그를 짓눌렀고 죽음의 문턱까지 가게 되는 고통을 겪었다. 그러다 하나님을 만났다. 안경선 목사는 당시의 경험을 이렇게 표현했다.

"폐 한쪽이 없는 죽음의 문턱에서 하나님께서 내게 말씀하셨다. 모든 사람이 손가락질해도 나는 네 아버지를 십자가의 은혜로 용서했다. 다른 사람이 다 너를 욕해도 너는 내가 십자가에서 피 값으로 산 아들이다."

그 음성이 그를 살렸다. 하나님으로부터 진정한 용서를 받았다는 것을 깨달은 그는 목회자가 되어 하나님의 사랑과 용서하심을 전했다. 목회자가 된 후 그는 이렇게 고백했다.

"솔직히 누가 내 아들을 그렇게 죽였다면 어떤 식으로든 용서할 수는 있겠지만 아들까지 삼지는 못할 것이다. 그래서 예수의 사랑은 전적인 은혜다. 그분은 절대 용서 받지 못할 죄인을 자녀 삼기 위해 오셨다. 게다가 예수가 찾아간 사람은 모두 손가락질 받는 사람이었다. 아버지의 벗과 사회가 용서하지 않았지만 손 목사님이 아버지를 용서하시니까 참사랑 앞에서 진정으로 뉘우치셨던 것 같다. 주변의 따가운 시선과 어려운 삶을 버텨 낼 수 있었던 것은 아버지가 받은 용서와 사랑 때문이지 않았을까? 예수님의 사랑과 손 목사님의 용서의 열매가 아버지의 삶에 맺어진 게 아닐까 생각한다."

죄인인 우리를 용서하고 자녀 삼으신 주님처럼 자기의 아들을 살해한 살인자를 용서하고 양자 삼았던 손 목사의 이야기를 통해 용서의 위대함, 은혜 없이는 용서가 이루어질 수 없음을 알게 된다. 지금도 용서하기 싫은 사람들이 있다. 그들이 겪는 고통 따위 알고 싶지도 않다. 그러나 하나님은 은혜로 이해하고 은혜로 친절을 베풀 때 용서의 은혜가 임한다는 것을 알려 주신다.

회복의 은혜:
은혜만이 회복을 일으킨다

은혜는 마음의 근육을 키운다

사람에겐 누구나 자유로워지고 싶은 본능이 있다. 때론 입고 있는 옷조차도 거추장스러워 벗어버리고 싶을 때가 있다. 하물며 사회적 책임이나 위치, 의무나 권리는 말해서 무엇 하랴. 하지만 명확히 말해 그런 마음이 드는 건 자신의 자리에서 진정한 자유, 진정한 사랑을 느끼지 못하기 때문이다. 아직 은혜 안에 거하지 못했기 때문이다.

하나님의 은혜를 속박이라 여겨 자유를 찾아 세상을 향해 달려간 사람이 바로 탕자다. 따뜻한 집을 뛰쳐나와 차가

운 세상을 찾아간 탕자, 화려해 보이나 부패한 세상을 찾아
간 탕자, 그 탕자는 오늘을 살아가는 무수한 사람들의 모습
이다.

작은아들은 아버지 집에서 입고 있던 옷을 다 벗어버리
고 싶었다. 그 욕망을 따라 먼 나라에 가서 아버지께 받은
유산을 아낌없이 써 버리고는 빈털터리가 되어 굶주린 품
꾼으로 살아가게 된다. 아버지 집에서 살던 때와는 비교도
할 수 없을 만큼 초라한 모습이다. 그제야 탕자는 아버지를
기억하고 돌아가 아버지의 은혜 안에서 살기로 한다.

수많은 목회자들이 이 탕자 이야기를 설교의 주제로 삼
는 까닭은 무엇일까. 아마도 가장 험악한 나락으로 떨어진
삶을 살지라도 그것을 원래대로, 아니 더 귀하게 회복시켜
주시는 아버지의 사랑, 아버지의 은혜를 강조하고 싶었기
때문일 것이다.

살면서 회복이 참 중요하다. 수년 전 심리학계에서 '회복
탄력성'(resilience)이란 말이 무척 인기를 얻었다. 회복탄력성
이란 어떤 어려움이나 고통에 직면했을 때 다시 일어설 뿐
만 아니라 오히려 더욱 풍부해지는 능력을 의미한다. 한마
디로 회복탄력성이 발달한 사람은 같은 고통과 고난을 겪
어도 이겨 낼 능력이 크다는 것이다.

역경이 닥쳤을 때 고무공처럼 튀어 올라 극복할 수 있

는 마음의 근육이 회복탄력성이다. 이 마음의 근육을 키우기 위해 여러 분야에서 연구하고 있다. 주로 개인의 주관적인 안정감과 정신 건강을 연구할 때 이 회복탄력성을 재료로 삼는다.

현대를 살아가는 사람들을 보면 이 회복이 정말 중요하다고 생각된다. 지치고 넘어지기 일쑤인 현대인에게 회복이 얼마나 필요한지 모른다. 그런데 사람의 힘으로는 마음의 근육을 잘 키우지 못한다. 전능하신 하나님이 조건 없이 베푸시는 은혜만이 회복을 일으킨다.

회복의 시작은 일어나는 것이다

"아버지 제게 분깃을 주십시오."

망극한 상황은 이렇게 시작된다. 아버지에게 찾아온 작은아들, 그는 너무나 당당하게 자신에게 물려줄 유산을 미리 달라고 말하고 있다. 요즘 같은 세상에서는 이런 요구가 불가능한 일은 아니지만, 당시 이스라엘 사회에서는 "아버지 빨리 세상을 떠나십시오"라고 말하는 것과 같은 충격적인 요구다.

살아 계신 아버지를 죽은 자 취급한 이 불효막심은 화려

한 세상에 대한 욕망 때문에 빚어진 것이었다. 화려해 보이는 세상을 만끽하고 싶은 욕심과 유혹이 그를 천륜을 저버리는 패륜아로 만들어 버렸다.

그런데 아버지의 반응은 더 이상하다. 아들이 말도 안 되는 요구를 하는데도 아버지는 다 포용하고 아들이 원하는 대로 분깃을 나누어 준 것이다.

아버지가 아닌 '아버지의 것'을 원했던 아들은 나눠 받은 분깃을 가지고 먼 나라로 떠났다. 여기서부터 탕자의 비극이 시작되었다. 탕자의 비극은 그가 허랑방탕한 삶을 살아서가 아니라 아버지의 품을 떠났기 때문이다. 비극의 서막은 아버지로부터의 떠남에서 시작된다.

호기롭게 떠났으나 이때부터 상황은 좋지 않은 방향으로 흘러갔다. 마침내 그는 가진 모든 소유를 탕진하고 그때부터 인생에 흉년이 들기 시작했다. 외롭고 허탈하고 처참하고 심지어 굶주리기까지 했다.

아버지의 아들이라는 옷을 벗어버리자 그는 아무것도 아닌 것이 되고 말았다. 돼지가 먹는 쥐엄 열매조차 주는 자가 없는 처참한 처지가 되었다. 이렇게 바닥까지 내려가서야 그는 생각한다.

이에 스스로 돌이켜 이르되 내 아버지에게는 양식이 풍족

한 품꾼이 얼마나 많은가 나는 여기서 주려 죽는구나

○ 눅 15:17

그제야 아버지가 가진 풍성함과 너그러움이 제대로 보이기 시작한 것이다. 차가운 세상과 다른 아버지의 따뜻한 품을 그리워하기 시작한 것이다.

"이에 스스로 돌이켜 이르되"(눅 15:17)를 영어성경(NIV)은 "When he came to his senses"라고 표현하고 있다. 감각이 돌아왔다, 즉 정신을 차렸다는 뜻이다. 바닥까지 가서야 자기가 떠나온 자리의 가치를 알아보게 된 것이다.

그가 정신을 차렸다는 것은 두 가지 의미가 있다. 하나는 이 차가운 세상에 있다가는 주려 죽겠다는 두려움과 함께 여기서는 비참함만 있을 뿐 살 길이 없다는 깨달음이다. 다른 하나는 그의 인생에서 정말 필요한 것은 아버지 집에 있다는 깨달음이다.

이 깨달음은 또 다른 시작점이 되었다. 풍족함이 있는 아버지 집을 향할 결심을 한 탕자는 메마른 곳에서 아버지의 집을 바라본다. 물론 떠나온 곳을 향해 다시 돌아가는 일은 결코 쉽지 않았을 것이다. 그러나 돌아가지 않으면 소생할 수 없으며, 다시 풍족해질 수 없다는 것, 평안을 찾을 수 없음을 알기에 용기를 낸다.

이에 일어나서 아버지께로 돌아가니라 ○ 눅 15:20

회복의 시작은 이렇듯 떠나온 곳을 향해 '일어나는 것'(so he got up)에서부터 시작된다. 일어나서 집을 향하여 떠나는 것, 이것이 회복의 은혜의 시작점이다. 이렇게 은혜를 사모하며 돌아갔을 때 그는 아버지에게 이런 고백을 한다.

아버지 내가 하늘과 아버지께 죄를 지었사오니 지금부터는 아버지의 아들이라 일컬음을 감당하지 못하겠나이다

○ 눅 15:21

아버지 곁을 떠날 때 그는 이미 깨달았다. 더 이상 아버지의 아들이라 불릴 수 없다는 사실을 말이다. 하지만 도저히 염치가 없어 아버지 앞에 나설 수 없음에도 회복의 은혜를 기대하며 아버지께 돌아갔고 돌아가서는 자신의 죄인 됨을 고백한다. 그때 아버지는 놀라운 속도로 회복의 은혜를 준비하신다.

하나님은 우리가 회복되기를 누구보다 원하신다. 그런데 하나님의 회복은 우리의 방황의 시간을 없었던 일로 되돌리는 의미의 회복이 아니다. 방황, 즉 아버지를 떠나 제 갈 길로 가는 어려움의 시간을 함께 넘어가심으로 진정한 회복의 의미를 알려 주신다. 그렇기 때문에 회복에는 과정이 필요하다. 하나님이 상처 받은 우리를 회복하기 위해 제일 먼저 하시는 일은 기다리는 것이다. 그것도 끝까지 기다리신다.

탕자의 이야기로 돌아오면, 탕자가 회복되기까지는 아버지의 기다림이 절대적으로 필요했다.

> 이에 일어나서 아버지께로 돌아가니라 아직도 거리가 먼데
> 아버지가 그를 보고 ○ 눅 15:20

이 구절에서 아버지께로 돌아간 주체는 작은아들이지만 그를 먼저 알아본 사람은 아버지였다. 일반적으로 아들이 집으로 돌아와 아버지 앞에 무릎을 꿇고 "아버지 잘못했습니다. 용서해 주세요" 하며 용서를 구하는 것이 자연스런 장면이지 않을까. 그런데 이 아버지는 아직 집에 도착하지도 않은 아들을 먼저 알아본다. 어떻게 아버지는 아들이 돌

아올 줄 알았던 걸까?

아버지가 아들이 돌아올 길을 계속해서 뚫어지게 바라보지 않으면 멀리 있는 아들을 알아보기 힘들다. 언제 돌아올지도 모를 아들이다. 아예 돌아오지 않을 수도 있다. 그런데도 아버지는 아들이 돌아오는 길이 내다보이는 곳에서 기다리고 또 기다렸던 것이다.

"아직도 거리가 먼데"라는 구절에서 아버지의 기다림이 얼마나 오랫동안, 얼마나 간절했는지를 알 수 있다.

집으로 돌아오는 탕자의 모습을 상상해 보라. 집을 떠날 때의 그 포부와 당당한 모습과는 상당히 거리가 있는 모습이지 않겠는가. 먼 거리를 걸었으니 온몸이 먼지를 뒤집어썼을 것이고 오랫동안 배를 곯았으니 피골이 상접했을 것이다. 돼지를 쳤으니 몸에선 냄새도 났을 것이다.

처참한 몰골로 나타난 아들을 다른 사람들은 가까이서라도 알아보기 힘들었을 것이다. 하지만 아직 거리가 먼데도 그 아들을 아버지는 알아보고 달려 나왔다. 이유는 아버지가 애타게 아들을 기다렸기 때문이다. 그냥 기다린 게 아니라 속이 시커멓게 타도록 기다렸기 때문이다.

우리 아버지는 자녀인 우리에게 기다리는 은혜를 베푸신다. 우리가 올 것을 알고 찾고 계신다. 자녀인 우리가 말할 수 없이 처참한 상태일지라도 우릴 찾고 또 찾으며 "집으로 돌아오라"고 외치신다. 아버지의 기다림은 이미 모든 것을 포용하는 기다림이다. 무조건적인 포용이며 무조건적인 용서다.

하나님은 우리를 이미 용서하셨다. 지금도 아버지는 내 품으로 돌아오라고 오래 참고 기다리신다.

죄를 범한 아담에 대해서도 하나님의 마음은 탕자를 기다리는 아버지의 마음과 같았다. 수치를 알고 몸을 숨긴 아담을 하나님께서 "아담아 네가 어디 있느냐"(Adam! where are you?) 하고 찾으셨다. 하나님이 아담이 어디 있는지 몰라서 찾으신 게 아니다. 하나님은 아담이 정말 어디에 있는지 몰라서 물으신 것일까. "아담이 정말 잘 숨었네. 머리카락도 안보이네. 어디 있니?" 하고 찾으신 것일까. 아니다. 하나님은 이미 아담이 어떤 죄를 범했는지 알고 계셨고 그가 숨은 이유도 알고 계셨다. 그럼에도 "네가 어디 있느냐"고 찾으신 것은 내가 용서했다고, 너를 기다리고 있다고, 내게 돌아오라는 하나님의 초청이었다.

우리가 먼 나라에 가서 허랑방탕하게 살고 있을 때도 하나님은 아버지의 눈으로 우리를 보고 계신다. 인생에 흉년이 들어 헐벗고 기진맥진해 있을 때도 하나님은 아버지의 눈으로 우리를 좇으시며 돌아오기를 기다리신다.

Come home! 집으로 돌아오라고 말이다.

회복의 은혜를 베푸실 때 하나님은 끝까지 기다리실 뿐 아니라 달려 나오는 은혜를 보여 주신다.

> 아버지가 그를 보고 측은히 여겨 달려가 목을 안고 입을 맞
> 추니 ○ 눅 15:20

먼 길을 돌아온 아들을 발견한 즉시 아버지의 모든 감정은 '제로' 상태가 되어 무조건 달려 나간다. 탕자의 아버지는 당시 제법 유복했던 것 같다. 여러 명의 종을 거느린 데다 송아지를 잡고 반지를 끼고 있었다는 표현으로 볼 때 뼈대 있는 가문이었을 것이다. 그런 집안의 가부장이었으니 체통과 체면이 무엇보다 중요했을 것이다.

그런데 아버지는 아들을 보는 순간 눈썹이 휘날리도록 뛰어간다. 아버지는 체통도 체면도 안중에 없다. 주변의 시선 따위는 하나도 중요하지 않다.

반면 달려오는 아버지를 바라보는 아들의 심정은 어땠을까. 죄송한 마음에 한 걸음 한 걸음이 무겁기 그지없었을 것이다. 자신을 향해 달려오는 아버지를 보자마자 무릎을 꿇었을 것이다. 그러곤 무조건 잘못했다고 빌고 또 빌었을 것이다.

그런데 달려온 아버지는 아들에게 그럴 틈을 주지 않는 다. 무릎도 꿇기 전에, 아니 무릎 꿇고 "아버지…"하고 입을 떼기도 전에 아들의 목을 껴안고 입을 맞추었다. 이 감격스러운 현장을 표현한 부분을 헬라어 원어로 찾아보면 '입을 맞추다'가 한 번 가볍게 뽀뽀하다가 아니다. 'many kisses'로 계속해서 입을 맞추었다. 계속해서 아들의 입을 맞추는 것은 아버지의 무조건적인 은혜를 나타내는 제스처다.

"아들아, 말하지 말거라. 난 이미 다 용서했다. 그냥 돌아온 것으로 됐다."

이런 마음을 키스로 표현하고 있는 것이다. 아들은 부끄럽고 죄송한 마음을 아버지에게 아뢰고 싶었을 것이다. 하지만 아버지는 그 더럽고 냄새나며 역겨운 아들의 행색 따위엔 아랑곳하지 않았다.

우리 아버지 하나님의 사랑도 그렇다. 낮아질 대로 낮아져 오물 냄새까지 나는 처참한 몰골의 자녀를 껴안고 입술을 맞추신다.

지금도 회복의 은혜를 베풀기 원하시는 아버지가 우리를 향해 달려오신다. 십자가를 보라.

그는 근본 하나님의 본체시나 하나님과 동등됨을 취할 것으로 여기지 아니하시고 오히려 자기를 비워 종의 형체를

가지사 사람들과 같이 되셨고 사람의 모양으로 나타나사
자기를 낮추시고 죽기까지 복종하셨으니 곧 십자가에 죽으
심이라 ◦ 빌 2:6-8

하나님으로서 자신을 모두 비우고 낮아질 대로 낮아져서 종의 형체를 가지고 사람이 되어 죽기까지 순종하신 분이 바로 우리를 향해 달려오시는 하나님이다. 예수님은 우리를 위해 십자가를 지기 위해 이 땅에 달려오셨다. 그 은혜가 우리를 회복시킨다.

은혜로 회복된 모습

우리를 끝까지 기다리며 먼 데서 알아보고 달려 나오는 아버지는 우리를 회복시키신다. 이 회복에는 어떤 과정이 있을까?

방황을 마치고 돌아온 아들은 자신의 목을 끌어안고 입을 맞추는 아버지와 재회한 뒤 정식으로 무릎을 꿇었다.

"아버지, 나는 아버지의 아들이 될 자격이 없습니다. 나를 품꾼의 하나로 써 주십시오."

사실대로 말하면 품꾼이 될 자격도 없다. 당시의 풍습대

로라면 돌에 맞아 죽어도 할 말이 없는 죄를 지었다. 하지만 아버지는 아들을 빠르게 회복시킨다.

"가장 좋은 옷을 가지고 와라. 가락지를 끼워 주어라. 새 신발을 신겨 주어라."

여기서 말하는 가장 좋은 옷이란 아마 아버지의 옷이었을 것이다. 돌아오지 않을 것처럼 모든 짐을 꾸리고 떠난 아들이기에 집에는 아들의 옷이 남아 있지 않았을 것이다. 그러니 아버지가 입던 좋은 옷으로 주었을 것이다. 돼지 치는 품꾼의 누더기 옷을 입다가 아버지가 입던 가장 좋은 것으로 덮이고 입히는 아버지의 회복이다.

그다음은 신발이다. 돼지 치는 험한 일을 하느라 아들의 발은 온통 상처투성이였을 것이다. 당시 노예는 신발을 신지 않았다. 그러니 얼마나 더럽고 상처가 많았겠는가. 그 맨발에 아버지는 신발을 신기신다. 신을 신었다는 것은 신분의 회복을 의미한다.

마지막으로 가락지를 끼워 주신다. 가락지는 재산을 관리할 때 도장 대신 찍는 하나의 신분 표식이었다. 그 가락지를 아들의 손가락에 끼워 줌으로써 온전한 신분의 회복을 보증한 것이다.

이번엔 그 마을 공동체에 아들의 회복을 공표한다. 살진 송아지를 잡아 마을 잔치를 연 것이다. 아버지가 베푼 잔치는 아들을 배불리 먹이려는 의도도 있지만 마을 사람들에게 아들의 회복을 확실히 해 두려는 의도가 더 컸다. 그 잔치 자리에 어떻게 앉았을까. 아버지 옆에 피골이 상접해 돌아온 탕자가 앉아 있지 않았겠는가. 그리고 아버지는 모든 사람들 앞에서 "내 아들이 죽었다가 살았고 잃었다가 찾았다"고 말했다. 누구도 아들의 신분 회복에 토를 달지 못하도록 확실한 회복의 은혜를 베푼 것이다.

은혜는 묘하게 부드러운 감정으로 끝나지 않는다. 은혜는 좋은 게 좋다고 그냥 덮고 지나가는 게 아니다. 새로운 삶의 회복을 주시는 능력이다. 아버지의 은혜로 회복된 탕자의 삶은 어떻게 변했을까 상상해 보길 바란다.

누구나 회복될 수 있다

'빛의 화가' 렘브란트의 대표작 중 하나가 '돌아온 탕자'다.

그림을 보면 아버지가 돌아온 탕자를 보듬고 있다. 아버지 품에 안긴 아들은 고생을 많이 한 탓에 누더기 옷을 입은 데다 발은 상처투성이로 맨발이다. 아버지는 한없이 너그러운 표정으로 한 손으론 아들을 다시 놓치지 않겠다는 듯 누르고 있고 다른 한 손으론 아들의 등을 부드럽게 쓰다

렘브란트(R. H. van Rijn, 1606~1669) 《돌아온 탕자》

듣고 있다.

그런데 그들 곁에 큰아들이 서 있다. 탕자의 비유에서 큰아들은 후반부에 등장해서 아버지에게 배은망덕한 동생을 위해 잔치가 웬 말이냐며 불만을 퍼붓는다. 지금까지 충실히 맡은 소임을 다한 자신을 위해서는 송아지를 잡아 준 적이 없다고 서운함을 드러낸다. 그림에서 큰아들은 매우 딱딱한 얼굴을 하고 있다.

일상 은혜의 힘

아버지는 두 아들 모두 회복되길 원한다. 작은아들에게 회복의 길을 열어 준 아버지는 불평하고 원망하는 큰아들에게도 위로해 준다.

"내 것이 모두 네 것이다."

성경의 탕자 비유에서 큰아들이 회복되는 이야기는 나오지 않는다. 다만 분명한 것은 아버지가 두 아들 모두 회복되길 바란다는 사실이고, 회복시키고자 하는 의지를 보인다는 사실이다.

우리는 방탕한 작은아들이거나 도덕적인 잣대로 비판하고 정죄하는 큰아들일 수 있다. 팀 켈러(Timothy Keller)는 그의 책 《탕부 하나님》에서 탕자의 아버지 되신 하나님이 우리를 어떻게 회복시키길 원하시는지 설명한다.

이처럼 아버지 되신 하나님의 회복하심은 누구에게나 임한다. 모두 사랑하시기 때문이다.

하나님은 우리가 사랑받고 있다는 진리를 깨닫고 아버지의 집으로 돌아오길 원하신다. 회복으로부터 멀어진 우리를 끝까지 기다리고 달려 나와 안아 주신다.

아버지의 집에 은혜가 있다.

Come home!

너희는 그 은혜에 의하여

밑음으로 말미암아 구원을 받았으니

이것은 너희에게서 난 것이 아니요

하나님의 선물이라

엡 2:8

Part 3.

The Power of Grace

은혜의 능력으로
살다

은혜는 겸손 가운데 빛을 발한다

은혜가 사라지는 이유

자비량 선교를 하는 어느 목사 이야기다. 그는 소위 모두가 부러워하는 스펙을 갖추고 미래가 보장된 길을 걷던 중 하나님을 만나 자비량 선교라는 쉽지 않은 길을 선택했다. 그는 모든 성도가 성경을 제대로 이해하고 하나님의 뜻을 분별해야 한다고 강조한다.

한번은 그가 레위기의 제사법을 설교하다가 눈물을 글썽였다. 흠 없는 제물을 가져와 안수를 한 뒤 죽여서 피를 바르고 가죽을 벗겨 뼈를 발라 태우는 과정 속에 드러나는 하나님의 은혜를 설교하던 중 다음과 같이 말했다.

"이렇게 하나님은 우리를 사랑하시는데 우리가 어떻게 그 은혜를 잊고 살 수 있습니까. 저는 제 신앙생활이 과거에 받았던 은혜로 끝날까 봐 가장 두렵습니다. '은혜를 받았더라'로 끝나면 안 되잖습니까. '지금 은혜를 받고 있다'의 신앙이 되어야 하지 않겠습니까. 그래서 저는 날마다 은혜를 받기 위해 은혜를 고백하게 해 달라고 기도합니다."

하나님의 은혜는 과거부터 미래에 이르기까지 죽 이어지는 하나님의 선물이다. 지금 은혜 받고 있는가? 이 질문에 자신 있게 대답할 수 있어야 은혜 받은 자로서 영향력 있는 삶을 살 수 있다.

가끔 성도들과 상담을 하다 보면 특별한 문제가 없는데도 괜히 마음이 불안하고 부정적으로 생각하게 된다고 하소연하는 성도들이 있다. 왜 그럴까? 은혜가 사라졌기 때문이다. 말씀이 깨달아지지 않고 기도를 해도 설교를 들어도 마냥 맹숭맹숭하다면 은혜가 사라졌기 때문이다. 왜 은혜가 사라졌을까? 은혜를 받지 못하는 이유 중 하나는 교만이다.

> 그러나 더욱 큰 은혜를 주시나니 그러므로 일렀으되 하나님이 교만한 자를 물리치시고 겸손한 자에게 은혜를 주신다 하였느니라 ∘ 약 4:6

일상 은혜의 힘

하나님은 교만한 자를 물리치고 겸손한 자에게 은혜를 주신다는 말씀이다. 지금 은혜 받지 못하고 있다면 그것은 교만하기 때문이다. 하나님 앞에서 겸손하지 못하므로 은혜도 메마르고 있는 것이다. 맨숭맨숭하고 건조한 신앙생활을 하고 있다면 은혜를 구해야 한다. 하나님은 은혜 주기를 원하시는 분이다. 교만함을 버리고 겸손함을 입을 때 하나님의 은혜가 임하게 된다.

교만의 주범

그런데 우리는 왜 교만해질까?

사람은 한 치 앞을 내다볼 수 없는 불완전한 존재다. 하루 종일 자신이 한 일의 목록을 적은 뒤 그중 스스로 결정하고 주관해서 한 일을 체크해 보라. 스스로 결정하고 스스로 움직이는 일이 그리 많지 않음을 알게 될 것이다.

그런데도 우리는 마치 내가 인생의 주인인 것처럼, 내가 모든 것을 주관하고 다스리는 것처럼, 마치 자신의 생각과 경험이 모든 것을 장악하고 움직일 수 있는 것처럼 생각하고 행동한다. 현대인은 모두 심각한 '나' 중심주의에 빠져 있다고 해도 과언이 아니다.

이 교만 가운데 'I'(나)가 있다. 즉 모든 죄의 중심에 내가 있는 것이다. 영어로 죄를 'SIN'이라 하는데, 어떤 성경학자는 이 죄를 의미하는 SIN에 대해 죄의 가장 중심에 '내'(I)가 있음을 나타낸다고 해석한다. 정확한 이해라고 생각한다.

교만이 죄가 되는 이유는 중심에 하나님이 아닌 내가 있기 때문이다. 내 생각, 내 경험, 내 것, 내 이름이 곧 세상 자체라고 생각하기 때문에 내가 더 많이 알려지고 인정받아야 직성이 풀린다. 하나님도 교만의 문제를 심각하게 보신다.

> 너희 중에 싸움이 어디로부터 다툼이 어디로부터 나느냐
> 너희 지체 중에서 싸우는 정욕으로부터 나는 것이 아니냐
> ○약 4:1

하나님은 싸움이나 다툼이 정욕, 즉 자기 욕심에서 생긴다고 분명하게 말씀하신다. 내가 원하고 내가 사랑하고 나를 위한 것이 가장 중심이 된 자기애로부터 나오는 교만이 문제라는 것이다. 내게 모자라고 결핍된 것을 견디지 못한다. 그래서 비교하고 걱정하고 근심하고 분노한다.

> 구하여도 받지 못함은 정욕으로 쓰려고 잘못 구하기 때문
> 이라 ○약 4:3

하나님은 교만한 자들에게 선물을 주시지 않는다. 자기 밖에 모르는 사람은 여유가 없고 메말라서 물 댄 동산과 같은 은혜가 없다. 하나님은 이런 교만한 자들을 간음한 여인에 비유하며 세상과 벗된 자들이며 하나님과 원수가 되었다고 말씀하신다. 세상과 벗하여 모든 것을 자기 마음대로 할 수 있다고 자신하는 교만을 하나님은 물리치고 대적하신다.

교만한 사람은 자기 자신을 잘 볼 수 없다. 자신의 한계를 인정하지 못한다. 안 되는 것도 내 힘으로 하려고 한다. 안 되는 걸 되게 하려고 수고하고 애쓰지만 결국 연약함만 드러날 뿐이다.

자신의 내면을 응시하는 것과 자신만 믿는 것은 다르다. 겹겹이 싸고 있는 교만의 문제, 나의 중심에 똬리를 틀고 있는 욕심과 정욕을 과감히 버리는 훈련이 필요하다.

교만은 잡초와 같다

"겸손만큼 한 사람을 사탄의 손에서 멀어지게 하는 것은 없다."

부흥사이자 신학자인 조나단 에드워즈(Jonathan Edwards)는 우리 시대의 가장 으뜸하는 사악함으로 '영적 교만'을 꼽았다. 교만이 왜 가장 사악할까? 어떤 타락보다 분별하기가 어렵기 때문이다. 그는 교만이 하나님의 은혜에 저항하고 그 반대의 자리에 설 수밖에 없음을 이렇게 설명한다.

"영적 교만의 본질은 바로 자기 자신에 대한 지나친 확신과 그러한 자신을 존중하지 않는 것은 다 악한 것으로 배재해 버리는 것이다. 영적으로 교만한 자들은 타인을 바라보면서 가장 거친 말로 표현한다. 그들은 종종 악한 자들뿐 아니라 하나님의 진실한 자녀들도 비난한다."

자신보다 월등한 하나님의 자녀에게까지 비난의 화살을 쏘는 교만은 하나님의 은혜도 마다한다. 자기 확신을 넘어선 은혜의 탁월함을 인정하지 않기 때문이다. 그러나 그는 겸손한 자들에 대해 이렇게 평가한다.

"겸손한 자들은 항상 자신의 죄악 됨과 비천함에 압도되어 있다. 그들은 자신 안의 죄를 바라보며 그것을 걱정한다. 그러므로 남의 마음에 대해 왈가왈부할 여유가 없다. 그들은 무엇보다 자신에 대해 불만족스러우며 자신의 영적인 냉담함을 탓하고 남들은 자신보다 하나님을 더욱 사랑하고 감사하는 줄로 여긴다. 또한 자신의 세상적인 의무를 충실히 다하지만 홀로 천국을 향해 묵묵히 걸어간다."

하나님은 우리가 은혜 받지 못하는 이유에 대해 '겸손하

일상 은혜의 힘

지 않기 때문'이라고 말씀하신다. 하나님은 교만한 자를 물리치고 대적하실 만큼 교만을 싫어하신다. '대적한다'는 것은 마치 군대에서 적과 싸우는 것처럼 대항하는 것을 말한다. 하나님은 그토록 교만을 가증하게 여기시는 것이다.

그런 까닭에 하나님은 교만한 자에게 은혜를 주실 수 없다. 은혜는 자격 없는 자를 향한 조건 없는 하나님의 선물이다. 하지만 교만한 자는 스스로 자격이 있다고 확신한다. '나 정도면 자격이 충분하지'라는 생각으로 목을 곧게 세운다. 하나님이 선물로 주시는 은혜를 자기가 잘나서 받는 것으로 착각하고 당연히 자기 것으로 여긴다. 하나님의 은혜를 은혜로 알지 못하기에 하나님의 은혜를 경험할 수 없다. 그런 자에게 하나님은 은혜를 주시지 않는다.

> 교만은 패망의 선봉이요 거만한 마음은 넘어짐의 앞잡이니
>
> 라 ◦ 잠 16:18

교만은 하나님을 잊어버리게 만들므로 그의 결국은 비참함일 수밖에 없다.

문제는 이 교만이 우리 가운데 있다는 것이다. 더 큰 문제는 교만을 위해 특별한 환경이 필요한 것도 아니고 특별한 훈련이나 노력이 필요하지 않다는 사실이다. 교만은 마

치 잡초가 자라듯 잘라 내고 잘라 내도 또 자란다. 뿌리를 뽑을 수가 없다.

그래서 교만은 신앙생활을 얼마나 많이 했는가와도 상관이 없다. 오히려 오래할수록 교만해지기 쉽다. 한편 낮은 자세로 순종한 뒤에도 교만이 따라올 수 있다. 성경을 많이 연구하고 공부한 뒤에도 교만이 따라올 수 있다. 뜨거운 기도 뒤에도 교만할 수 있다. 교회를 향한 뜨거운 사랑과 헌신된 봉사와 열정이 있어도 교만할 수 있다.

이렇듯 시시때때로 우리를 공격하는 교만은 은혜의 삶을 가로막는 장애물이다. 그래서 성 어거스틴은 교만이 천사를 마귀로 만든다고 말했다. 제자들이 신앙생활의 덕목에 대해 가르쳐 달라고 했을 때 성 어거스틴은 겸손을 꼽았다.

"신앙생활의 첫 번째 덕목은 겸손이다. 두 번째 덕목도 겸손이요 세 번째도 겸손이다."

교만을 이기는 겸손이 얼마나 중요한지를 그는 잘 알고 있었다.

성경이 말하는 겸손

과연 나는 겸손한가? 그렇다고 대답했다면 당신은 당신

안에 있는 교만을 점검해 봐야 할 것이다. 우리는 누구든지 교만에서 자유로울 수 없기 때문이다.

그렇다면 겸손하다는 것은 어떤 것일까? 겸손의 사전적 정의는 "남을 존중하고 자기를 내세우지 않는 태도"다. 그런데 성경에서 말하는 겸손은 이와 다르다. 인간관계에 필요한 겸양의 태도를 의미하는 것이 아니라 철저히 하나님과의 관계에서 겸양한 태도를 의미한다.

그렇다면 성경이 말하는 겸손은 무엇일까? '나 자신을 제대로 바라보는 것'이다. 지극히 거룩하고 존귀하신 하나님 앞에서 나의 존재를 바르게 인정하고 마땅한 하나님의 자리를 내어 드리는 것이다. 내 안에 자기가 가득한 것이 교만이라면 내 중심에 하나님을 모시는 것이 겸손이다.

겸손은 영어로 'humility'다. 'humility'는 흙이라는 뜻의 라틴어 'humus'에서 나온 단어다. 흙과 겸손은 무슨 관계가 있는 걸까? 하나님이 인간을 흙으로 빚어 만드셨기에 피조물인 우리는 창조주 하나님 앞에서 낮아질 수밖에 없다. 즉 겸손은 우리가 피조물이고 하나님이 창조주임을 인정하고 자기 자리에 서는 것이다. 한낱 흙에 불과한 우리가 할 수 있는 일은 아무것도 없다. 우린 아무것도 아니다. 우리는 다만 창조주 하나님만 전적으로 의지해야 하는 존재다.

아무리 위대하다고 생각되는 것도 하나님 앞에선 보잘

것없다. 이것을 깨닫는 것이 겸손이다. 창조주 하나님의 위대함을 바라보는 것이 겸손이다. 그래서 겸손한 사람은 자신을 깨끗이 잊고 하나님만 바라본다. 하나님을 인정한다.

겸손하기는 쉽지 않다. 나를 조금 낮추는 것으로는 턱없이 부족하다. '주님을 떠나서는 아무것도 할 수 없다'는 말씀을 따라 자기 자신을 잊어버리고 하나님을 바라보며 전적으로 그를 의지해야 한다. 하나님은 이렇게 겸손한 자에게 은혜를 주신다. 따라서 겸손이 없다면 은혜도 없다. 그리고 은혜가 없으면 구원도 회복도 없다.

여호와께서 겸손한 자들은 붙드시고 ○ 시 147:6

여호와께서는 자기 백성을 기뻐하시며 겸손한 자를 구원으로 아름답게 하심이로다 ○ 시 149:4

하나님은 우리에게 피조물의 겸손함을 원하신다. 은혜를 풍성하게 들이붓고 싶을 만큼 겸손을 원하신다. 그러므로 우리는 날마다 스스로 질문해 보아야 한다.

나는 피조물로서 창조주 하나님을 전적으로 인정하고 그 중심을 하나님께 내어 드리고 있는가.

내 생각의 중심에 '내'가 아닌 '그분'이 계시는가.

겸손은 노력으로 이룰 수 없다

겸손의 중요성은 알겠는데 실천하기는 힘들다. 그것이 우리가 가진 한계다. 그럼에도 우리는 계속 은혜가 임하는 통로인 겸손으로 향해 가야 한다.

어떻게 겸손할 수 있을까? 하나님께 구해야 한다. 사람의 의지와 노력으로는 겸손할 수 없다. 성 어거스틴도 신앙생활에 필요한 덕목으로 무조건적인 겸손을 꼽았듯이 겸손은 인간의 영역이 아니라 하나님으로부터 주어진다.

그럼에도 우리가 드리는 수많은 기도 가운데 겸손함을 구하는 경우가 적다. 아예 그런 기도를 드리지 않을 때도 많다. 겸손은 하나님 앞에서 교만하지 않고 가장 약한 자로 엎드리며 그분의 평가를 인정하고 받아들이는 것이다. 우리는 어떤 보답에도 흔들리지 않고 교만하지 않으며 더 크고 더 높아지려고 하지 않는 겸손함을 구해야 한다.

그래서 나는 하나님께 이런 기도를 드린다.

"하나님 저를 겸손하게 해 주십시오."

그러던 어느 날 문득 이런 생각이 들었다. '이러다가 하나님이 진짜 나를 낮추시고 겸손하게 만드실 수도 있겠다. 그런데 그 모습이 내가 정말 원하지 않는 모습일 수도 있겠다.' 그러자 마음이 복잡해졌다. 내가 정말 겸손하기를 원하는 걸까.

하나님은 우리가 교만하지 않도록 사람을 이용하고 상황을 이용하며 문제를 이용해서 겸손하도록 하신다. 그것이 내 뜻과 내 계획과 다른 것일지라도 아멘하는 것이 겸손이다. 믿음이 거기까지 이르러야 겸손할 수 있다. 그러므로 겸손은 노력해서 되는 것이 아니라 구해야 하는 것이다.

겸손하기 위해서는 매일 하나님을 가까이해야 한다. 일주일 내내 세상 사람으로 살다가 주일날 먼지 쌓인 성경책 탈탈 털어 들고 나와 예배에 참석하는 것으로는 하나님과 가까워질 수 없다. 하나님을 만날 수 없다. 하나님 나라에서 손님이고 객으로 사는 것일 뿐이다. 하나님과 거리가 먼 사람은 겸손할 수 없다.

우리는 하나님 앞에 늘 나아가야 한다. 매일 매 순간 하나님을 생각하고 기억해야 한다. 매일 매 순간 하나님이 하나님 되심을 인정해야 한다. 그러려면 기도해야 하고 하나님의 말씀을 봐야 한다.

19세기 영국 성공회의 주교였던 윌리엄 템플(William Temple)이 이런 말을 남겼다.

일상 은혜의 힘

"우리가 구원과 성화에 기여하는 것이라고는 기껏해야 죄를 지어서 그 구원과 성화가 필요하게 만드는 것뿐이다."

한마디로 하나님의 구원과 성화에 우리가 일조할 수 있는 것은 아무것도 없으며 오로지 하나님께 달렸다는 것이다. 매일매일 죄를 짓는 우리는 하나님의 은혜 없이 단 하루도 살아갈 수 없는 존재다. 매일매일 은혜가 절실히 필요한 존재다. 그렇기에 매일매일 하나님 앞에 나아가야 한다. 그래서 기도가 중요하고 예배가 중요하며 큐티가 중요하다. 하나님 말씀 앞에서 나를 돌아볼 때 비로소 겸손할 수 있다.

이사야 선지자는 하나님의 영광 앞에 섰을 때 "나는 입술이 부정한 자입니다" 하며 하나님 앞에 엎드렸다. 베드로도 예수님을 만났을 때 "나는 죄인입니다. 나를 떠나소서" 했다. 하나님의 영광 앞에, 그분의 크심 앞에 설 때 우리는 비로소 나의 보잘것없음을, 나의 죄성을 알게 된다. 하나님의 위대하심을 알게 된다. 겸손해질 수 있는 것이다.

마지막으로 겸손하기 위해서는 교만을 가져오는 욕심을 버려야 한다. 겸손을 방해하는 교만 가운데 자리 잡은 나의 정욕과 욕심을 버려야 한다. 이것을 아름답게 포장하는 것도 조심해야 한다.

"하나님, 제가 성공하면 하나님의 영광을 위해서도 좋지 않습니까. 그러니 채워 주십시오."

이런 식으로 자신의 욕심을 포장하고 하나님을 설득하려는 것이 교만이다. 중심에 내가 존재하는 것이 욕심이요 교만이다.

겸손은 어떤 일이든 하나님께서 하셨음을 고백하는 것이다. 내가 산 것이 아니라 내 안에 그리스도께서 살고 계심을, 그리스도께서 삶을 이끌어 가고 계심을 고백할 때 겸손한 사람이 될 수 있다.

그렇기에 자랑하고 싶고 내 이름을 드러내고 싶고 더 채우고 싶은 정욕을 없애 달라고 기도하고 결단해야 한다.

하나님이 주시는 은혜는 겸손 가운데 빛을 발한다. 겸손할 때 놀라운 은혜가 임한다. 그 은혜는 우리의 상상을 초월하는 것이다.

세례 요한의 부모인 사가랴와 엘리사벳은 늦은 나이에도 자녀가 없었다. 그로 인해 그들이 낙심했는데 어느 날 하나님이 그들의 기도에 응답하셔서 잉태의 축복을 주셨다. 그런데 그 잉태의 소식을 전한 가브리엘이 나사렛 마을의 마리아를 찾아갔다. 그러고는 "은혜를 받은 자여 평안할지어다 주께서 너와 함께하시도다… 보라 네가 잉태하여 아들을 낳으리니 그 이름을 예수라 하라"고 전한다. 결혼도 하지 않은 처녀에게 임한 임신 소식이라니, 마리아로선 받아들이기 힘든 소식이었다. 하지만 마리아는 아주 겸손하게 그 사실을 받아들인다. "주의 여종이오니 말씀대로 내게 이루어지이다."

마리아의 이 겸손한 반응을 어떻게 이해해야 할까? 모든 일의 결정은 하나님이 하시고 하나님의 주권하에 달렸다는 것을 인정하는 자만이 할 수 있는 반응이다. 철저하게 하나님 앞에 낮아지고 부복하는 겸손이 있었기에 하나님의 은혜가 그의 삶 가운데 임했고 예수님의 탄생이 이루어질 수 있었다.

때때로 은혜는 생각지도 않은 방향으로 전개되기도 한다. 하지만 겸손한 자는 그 역시 하나님의 뜻임을 받아들인다. 그렇게 될 때 생각지도 않은 역사가 펼쳐지며 지경이 넓어져 영향력을 갖게 된다.

겸손은 하나님의 은혜를 담는 그릇인 것이다.

언어는 은혜의 창이다

은혜는 언어와 밀접하다

어제는 남의 말에 쉽게 요동했습니다

이젠 말랑말랑한 거짓말이 유혹해도

입 다물고 그 눈짓 속임수도 다 털어버릴 수 있습니다

그리고 흥분의 언어의 씨앗을 받아 조심스레 흙을 파 뒤집어서

고운 음성으로 피어날 진실의 꽃씨를

가슴 꾹꾹 눌러 심습니다.

－ 김혜성, '언어의 꽃씨'

꽃이 된 언어의 위대함을 표현한 시로, 말의 중요성을 강조하고 있다. '말이 인격'이라고 하듯이 은혜 입은 삶도 언어와 아주 밀접한 관계가 있다.

사람의 인격을 어떻게 알 수 있을까? 착하게 생긴 얼굴일까? 그 사람의 소유일까? 그 사람의 학력이나 학식일까? 이중 한 가지만으로는 그 사람의 인격을 판단할 수 없다. 가장 좋은 잣대는 '말'이다. 말을 어떻게 하는가, 무슨 말을 하는가에 따라 그 사람의 됨됨이가 드러난다. 과연 말은 마음의 창이다.

> 미련한 자라도 잠잠하면 지혜로운 자로 여겨지고 그의 입술을 닫으면 슬기로운 자로 여겨지느니라 ◦ 잠 17:28

잠언은 말에 대해 많은 부분을 할애하고 있다. 위 말씀을 요즘 말로 하면, '가만히 있으면 중간이라도 간다'가 되지 않을까.

> 선한 사람은 마음에 쌓은 선에서 선을 내고 악한 자는 그 쌓은 악에서 악을 내나니 이는 마음에 가득한 것을 입으로 말함이니라 ◦ 눅 6:45

사랑하는 사람은 세상이 온통 아름다워 보여서 입만 열면 사랑의 말이 나온다. 믿음이 충만한 사람은 입만 열면 하나님을 향한 사랑의 언어를 쏟아 낸다. 반대로 입만 열면 부정적이고 비판적인 언어가 쏟아져 나온다면 은혜가 사라졌다는 증거다. 은혜를 사모해야 할 때임을 알아야 한다. 그런 점에서 말을 보면 그 사람의 신앙 상태를 알 수 있다.

은혜로운 말을 하려면?

하나님의 은혜를 입은 자들은 은혜의 언어로 자신을 나타낸다. 언어가 마음의 창이요 인격의 창이요 은혜의 창이기 때문이다.

그렇다면 은혜를 경험한 자들은 구체적으로 어떤 말을 할까? 그리고 어떤 말로 은혜의 영향력을 끼칠까?

> 너희 말을 항상 은혜 가운데서 소금으로
> 맛을 냄과 같이 하라 ◦ 골 4:6

성경은 은혜 가운데서 말을 하라고 하신다. 영어성경 (NIV)은 "Let your conversation be always full of grace"라고

번역하고 있다. 은혜가 충만한 상태에서 대화를 하라는 것이다. 이 말을 뒤집어 생각하면 은혜가 충만하지 않을 땐 대화를 삼가라는 것이다. 이때 대화란 특별한 말이나 설교가 아니다. 일상적으로 주고받는 대화를 말한다. 준비되지 않은 일상의 언어라도 은혜를 충만케 하라는 것이다.

은혜가 충만한 말은 어떤 말일까? 그것은 먼저 하나님의 은혜를 아는 마음이 전제되어야 한다. 은혜를 알 때 속에 있는 것들이 밖으로 나온다. 예레미야가 "만물보다 거짓되고 심히 부패한 것은 마음"(렘 17:9)이라고 했듯이 우리 마음은 부패하기 쉽고 거짓되기 쉽다. 죄로 물든 마음에선 착한 것이 나올 수 없다. 악한 마음에서 선한 말이 나올 수 없다. 아무것도 하지 않아도 악한 마음은 자기의 유익을 위해 거짓을 만들어 내고 분열을 획책한다. "악인의 말은 사람을 엿보아 피를 흘리자 하는 것이니와"(잠 12:6)라고 했듯이 악한 마음에선 칼로 찌르는 것 같은 악한 말이 나와 상처를 내고 피를 흘리게 한다.

믿는 사람이라도 피를 흘리는 말을 할 수 있다. 그래서 야고보는 "이것으로 우리가 주 아버지를 찬송하고 또 이것으로 하나님의 형상대로 지음을 받은 사람을 저주하나니 한 입에서 찬송과 저주가 나오는도다"(약 3:9-10)라고 한탄했다.

어떻게 한 입에서 찬양과 저주가 같이 나올 수 있는가? 우리 자신을 돌아보면 과연 그렇지 않은가? 하나님을 찬양하는 입에서 상처 주는 말이 나오고 비난하고 저주하는 말이 나온다. 그래서 말은 그 사람의 영성을 가늠하는 척도가 된다. 야고보도 "만일 말에 실수가 없는 자라면 곧 온전한 사람이라"(약 3:2)고 말했다.

그러므로 은혜로운 말을 하려면 먼저 우리 안에 은혜가 임해야 한다. 하나님의 은혜를 경험한 자들이 은혜로운 말을 할 수 있다. 그렇지 않을 때 입술에서 은혜가 사라진다. 하나님의 은혜가 우리 안에 깃들 때 입술에서 은혜의 말이 나온다.

"너희 말을 항상 은혜 가운데 하라"(골 4:6)는 명령에서 '항상'에 주목하라. 항상을 다른 말로 하면 '어떤 상황에서도'가 된다. 힘들고 어려운 상황에 있을 때라도 하나님의 은혜 가운데 하라는 것이다.

한편, 항상은 '말하는 대상이 누구든지'라는 의미다. 누구와 대화를 나누더라도 하나님의 은혜가 깃들인 말을 하라는 뜻이다. 사랑하는 사람, 좋아하는 사람뿐 아니라 그렇지 않은 사람과도 항상 하나님의 은혜가 깃든 말을 하라는 것이다. 부부 간에, 부모와 자녀 간에, 스승과 제자 간에, 형제 간에, 친구 간에, 직장 동료 간에, 상사와 부하직원 간에 항상 은혜 가운데 대화하라는 것이다.

그럴 때 우리의 말이 하나님의 은혜가 영향력을 끼치는 통로가 될 것이다.

은혜를 끼치는 언어습관

은혜는 영향을 끼친다. 우리는 은혜의 말로써 사람들에게 하나님의 은혜를 끼칠 수 있다. 그래서 은혜를 끼치는 말을 훈련해야 한다.

> 무릇 더러운 말은 너희 입 밖에도 내지 말고 오직 덕을 세
> 우는 데 소용되는 대로 선한 말을 하여 듣는 자들에게 은혜
> 를 끼치게 하라 ○ 엡 4:29

주님은 분명히 은혜로운 말을 함으로써 듣는 자들에게 은혜를 끼치라고 명령하신다. 그러므로 은혜의 말은 말로 그치지 말고 은혜를 끼치는 것이다. 은혜를 끼치는 말을 하려면 '판단이 아닌 관용'이 필요하다.

나의 선의 또는 호의가 무시당할 때, 얕잡아 보는 말을 들을 때 우리는 상처를 받는다. 그런 의도로 한 말이 아닌

데 상대방이 오해해서 막말을 할 때도 상처를 받는다. 상처를 주는 사람들의 공통된 특징은 사람을 자기 나름대로 판단하고 정죄한다는 것이다. 그런데 우리가 하루 종일 하는 말 대부분은 이처럼 판단하는 말일 때가 많다.

"아 그거? 이래서 그래."

"그 사람이 말은 안 했지만 뻔하지 뭐. 이러이러해서 그랬겠지."

"그 사람은 왜 그래? 뭔가 문제 있는 거 아냐?"

이러한 판단과 정죄가 우리도 모르는 사이에 일어나고 있고 실제로 입 밖으로 흘러나오고 있다. 이런 대화에는 판단만 난무할 뿐 관용은 없다. 은혜가 없다. 은혜가 없는 말은 상처만 남길 뿐이다.

> 네가 어찌하여 네 형제를 비판하느냐 어찌하여 네 형제를
> 업신여기느냐 우리가 다 하나님의 심판대 앞에 서리라
>
> ◦ 롬 14:10

하나님은 우리 모두가 심판대 앞에 설 죄인들이기에 누가 누구를 나무라는 비판이 적절치 않다고 분명히 말씀하신다. 우리는 모두 하나님의 은혜를 받을 자격이 없는 자들이다. 오직 하나님의 은혜를 선물로 받을 뿐이다. 그런

우리가 도대체 누구를 판단하고 비판하며 정죄할 수 있겠는가.

> 형제들아 서로 비방하지 말라 형제를 비방하는 자나 형제
> 를 판단하는 자는 곧 율법을 비방하고 율법을 판단하는 것
> 이라 네가 만일 율법을 판단하면 율법의 준행자가 아니요
> 재판관이로다 입법자와 재판관은 오직 한 분이시니 능히
> 구원하기도 하시며 멸하기도 하시느니라 너는 누구이기에
> 이웃을 판단하느냐 ○ 약 4:11-12

사랑하는 사람끼리도 이 판단하는 마음 때문에 상처를 주고받는다. 부부 간에도 부모와 자녀 간에도 이 판단하는 마음이 서로에게 상처를 남긴다. 판단은 오로지 하나님만이 하실 수 있다. 우리는 다만 하나님이 원하시는 말만 할 수 있다.

하나님이 원하는 언어 습관은 '선한 말'이다. 그것도 덕을 세우는 데 소용되는 선한 말이다. 한마디로 이해하고 관용하고 베풀며 오래 참는 말이다. 우리는 부족하고 연약하여 옳고 그른 것을 정확히 가를 수 없다. 이것이 정말 옳고 정확한가 하는 물음에 확신할 수 없다. 그런데도 쉽게 판단해서 그 말을 옮기고 다닌다. 관용의 말은 판단을 유예하고 유보

한다. 무조건 수용하려는 마음이므로 은혜로운 말이 된다.

이렇듯 은혜를 끼치는 언어는 판단과 정죄의 말이 아니라 덕을 세우는 데 소용되는 선한 말이다. 그 선한 말은 관용의 말이다. 남의 잘못을 받아들이고 너그럽게 이해해 주는 말이다. 누군가 자신을 있는 그대로, 아니 잘못된 것이 있더라도 이해하고 인정해 주며 말을 건넬 때 은혜가 넘친다. 언어의 은혜가 되는 것이다.

모든 말이 선물이 되게 하라

배고파 죽겠다, 배불러 죽겠다, 좋아 죽겠다, 힘들어 죽겠다, 추워 죽겠다, 졸려 죽겠다, 간지러워 죽겠다… 우리는 죽겠다는 말을 참 자주 쓴다. 강조하는 말이긴 하지만 어쨌든 우리는 말로는 하루에도 여러 번 죽는다.

하나님이 원하시는 은혜로운 말은 죽이는 말이 아니라 살리는 말이다. 상대방을 살리고 잘되게 하는 말이다.

오직 덕을 세우는 데 소용되는 대로

선한 말을 하여 ○ 엡 4:29

덕을 세우는 선한 말은 더 잘되고 풍성하며 충만하고 축복이 되는 말이다. 잠언은 "온순한 혀는 곧 생명나무이지만"(잠 15:4)이라고 했다. 선한 말은 살리는 말인 것이다. 에베소서 말씀을 메시지성경은 "모든 말이 선물이 되게 하라"고 번역했다.

우리는 과연 선물이 되는 말을 하고 있는가? 가정에서 일터에서 교회에서 친구 사이에서 주고받는 말이 선물이 되고 있는가? 안타깝게도 선물보다 상처가 되는 말을 할 때가 많다. 뒤에서 험담하고 수군거리지 말라는 명령은 그 말이 상처를 주고 심지어 죽이는 말이 될 수 있기 때문이다.

특히 '카더라' 통신에 유의해야 한다. 그 말의 사실 여부와 상관없이 전하는 사람이나 당하는 사람 모두에게 선한 영향을 미치지 못한다. 또한 비밀스럽게 전하는 말도 경계해야 한다. '너한테만 하는 말인데…' '너만 알고 있어' 같은 말은 듣는 이에게 이로운 말이 아닐 확률이 매우 높다. 그리고 결국 모든 사람에게 다 이야기한다. 그래서 성경이 "무릇 더러운 말은 입 밖에 내지도 말라"고 한 것이다.

'더러운 말'의 헬라어 원어를 살펴보면 '썩은 과일이나 나무'를 의미한다. 썩은 과일의 특징은 먹으면 탈이 난다는 것이다. 심하게는 사람을 병들게 하고 죽일 수도 있다. 그래서 더러운 말은 사람을 병들게 하고 죽이는 말이므로 입

밖에도 내지 말라는 것이다. 모든 말이 선물이 되도록 하는 온순한 혀를 갖춰야 한다.

은혜의 말을 계속하려면

은혜 입은 자는 감사가 넘쳐 나고 감사가 넘쳐 나는 삶에는 은혜가 임한다. 그렇기에 은혜의 말은 감사를 담은 말이다. 감사의 반대는 불평이다. 그래서 불평하는 자들이 은혜 받았다고 말하는 경우는 거의 없다. 불평과 불만이 가득한 말 가운데 부정적인 마음이 가득 차 있기 때문이다. 그 마음에 은혜가, 감사가, 믿음이 있을 리 없다.

그래서 은혜를 끼치기 위해서는 감사의 말을 해야 한다. 감사를 전하고 감사를 하는 말이 필요하다.

> 누추함과 어리석은 말이나 희롱의 말이 마땅치 아니하니
> 오히려 감사하는 말을 하라 ◦ 엡 5:4

우리는 감사하라는 설교를 참 많이 듣는다. 설교를 듣는 그 자리에선 아멘하지만 돌아서면 잊어버리고 감사가 아닌 불평의 말을 늘어놓는다.

'그래 감사하며 살아야지. 아, 근데 오늘 왜 이렇게 주차장에 차가 많은 거야?'

자기도 모르는 사이에 이런 불평이 나온다. 그래서 의식적으로라도 감사의 말을 하는 습관이 필요하다. 습관, 말이 쉽지 특히 좋은 습관은 몸에 배기가 참 힘들다.

어떻게 해야 우리 입술에서 은혜의 말이 계속해서 나올 수 있을까? 세 가지만 기억하면 된다. 먼저 십자가를 바라보아야 한다. 하나님의 은혜를 경험하지 않고는 은혜로운 말을 할 수 없다. 우리의 생각은 어느덧 부패와 죄악으로 달려가기에 끊임없이 십자가 앞에 서서 연약하고 부족하고 자격 없는 자신을 바라보며 은혜를 구해야 한다. 은혜의 절정인 그리스도의 십자가를 바라볼 때 입술의 열매가 바뀔 수 있다.

"무엇을 하든지 말에나 일에나 다 주 예수의 이름으로 하고 그를 힘입으라"(골 3:17)는 말씀처럼 십자가 앞에서 예수의 이름으로 말을 하며 예수의 힘을 의지할 때 우리가 할 수 있는 말은 감사밖에 없다.

둘째는 입술의 파수꾼을 구해야 한다. 시편 기자가 "여호와여 내 입에 파수꾼을 세우시고 내 입술의 문을 지키소서"(시 141:3)라고 했듯이 하나님이 우리 말을 지켜 주셔야 한다. 그래서 당장 해결해야 할 문제에 집중하는 기도보다

133
··········

삶 전체가 은혜롭게 빛나기 위해 은혜로운 말을 할 수 있도록 간구하는 기도가 필요하다.

"주여, 내 입술의 파수꾼이 되어 주십시오. 내 입술의 문을 지켜 주옵소서."

'아차, 이 말이 아닌데' 하며 순간순간 후회할 때가 얼마나 많은가. 그런데 말은 한 번 뱉으면 엄청난 후폭풍을 몰고 온다. 그래서 하나님께서 우리 입술에 파수꾼이 되어 절대 후회하는 말이 나오지 않도록 지켜 주셔야 한다.

마지막으로 말이 지닌 파장을 늘 염두에 두어야 한다. 말의 위력이 얼마나 큰가. 그래서 마태복음은 "사람이 무슨 무익한 말을 하든지 심판 날에 이에 대하여 심문을 받으리니"(마 12:36)라고 했다. 무익한 말은 심판을 받는다. 얼마나 두렵고 떨리는 말인가. 이 심판을 떠올리며 늘 말하기를 조심하고 신중하게 해야 한다. 그것이 곧 우리를 살리고 남을 살리는 길이다.

은혜의 말인지 점검하라

말에 권세가 있는 만큼 그 파장도 크다. 그래서 입 밖으로 말이 나가기에 앞서 이것이 은혜를 품은 말인지 아닌지 점검해야 한다. 어떻게 점검할까?

첫째, '이 말이 진실된가?'를 질문해 본다. 이 말이 사실인지 거짓인지, 정확한 근거가 있는 말인지 짐작에 불과한 말인지 분별하라는 것이다. 만일 조금이라도 사실이 아니라면 말을 삼가야 한다. 진실하지 않은 말은 분쟁을 조장하고 상처를 남긴다.

둘째, '이 말이 정말 필요한가?'를 질문해 본다. 정확한 근거가 있는 말이고 거짓이 아닌 사실이라도 이 상황에 필요한 말인가를 따져 봐야 한다. 혹시 나를 자랑하려는 말이거나 누구에게도 도움이 되지 않는 말이라면 입을 다무는 것이 좋다.

"이런 말해도 되는지 모르겠는데…" 하면서 꺼내는 말은 하지도 듣지도 않는 게 좋다. 필요한 말이 아니기 때문이다. "비밀인데…" 하는 말도 하지 않는 게 좋다.

셋째, '이 말이 정말 은혜로운가? 친절한가?'를 질문해 본다. 똑같은 내용이라도 어떻게 말하느냐에 따라 상대에겐 다르게 들릴 수 있다. 선한 마음이 드러나는 말, 살리는 말, 친절함을 담은 말은 상대에게 고스란히 전달된다. 우리말에 '아' 다르고 '어' 다르다는 표현이 있다. 어떻게 말하느냐에 따라 진심이 100퍼센트 전달되기도 하고 왜곡되기도 한다. "너희 말을 항상 은혜 가운데서 소금으로 맛을 냄과 같이 하라"(골 4:6)는 말씀도 이와 같은 맥락의 말씀이다. 친절하고 은혜를 끼치는 말은 소금으로 간이 잘된 맛있는 음식처럼 우리에게 얼마나 큰 은혜가 되는가.

은혜는 항상 흐르는 물이다

은혜의 통로가 되신 예수 그리스도

버려진 땅이 있었다. 원래 이 땅은 숲이었다. 이곳에서 살던 사람들은 숯을 만들어 생계를 유지하고 있었는데 넉넉지 않은 살림살이와 자연 속에서의 삶이 쉽지 않은 탓에 자주 다투었다. 사람들의 이기심에 자꾸 나무가 베어져 숲은 황량해졌고 사람들은 황폐해진 그곳을 떠났다. 마침내 아무도 살지 않게 되었다.

어느 날 그곳에 부피에라는 사람이 찾아왔다. 그는 아내도 아이도 잃은 채 이곳에 들어와 돌집을 짓고 벌을 치며 살았다. 그러다 그의 눈에 황폐하게 버려진 땅이 들어왔다.

'그래 어쩌면 나무가 없어서 땅이 이렇게 황량해졌는지
도 몰라.'

그날부터 부피에는 나무를 심기 시작했다. 단풍나무, 떡
갈나무, 밤나무⋯ 하루도 빠지지 않고 나무를 심었고 10여
년이 흐른 뒤 황폐했던 땅이 다시 윤택해졌다. 처음엔 워
낙 메마른 땅인지라 나무를 심으면 오래 버티지 못하고
죽는 경우도 많았다. 그러나 부피에는 나무 심기를 멈추지
않았다. 그 땅이 누구의 것인지는 중요하지 않았다. 유럽
전역에서 전쟁이 일어났을 때도 그는 묵묵히 나무를 심고
가꾸었다.

그렇게 40년이 흐르자 황량했던 땅은 광활한 숲이 되었
다. 나무가 많아지자 물이 흘렀고 동물이 찾아왔고 사람들
이 들어와서 정착했다. 밭을 경작하고 가축을 키워 마을을
이루었다. 부피에가 영면했을 때 그 마을은 만여 명의 사람
들이 살아가는 곳이 되었다. 한 사람의 묵묵하고 꾸준한 선
한 행동이 만여 명의 생명을 살린 것이다.

프랑스 작가 장 지오노(Jean Giono)가 쓴 《나무를 심은 사
람》의 내용이다. 한 사람이 얼마나 큰 결실을 맺을 수 있는
지를 감동적으로 그린 책이다. 신념을 따라 묵묵히 한 길을
걷는 것 자체가 선한 영향력이 될 수 있음을 보여 준다.

자기의 유익을 구하지 않는 부피에의 모습에서 예수님을 발견한다. 예수님은 사람들에게 하나님의 은혜를 끼치기 위해 묵묵히 낮은 길을 걸어가셨다. 어떤 유익을 바라지도 않으셨고 사람들의 환호에 우쭐해 하지도 않으셨다. 오직 하나님의 은혜를 전하는 통로로 쓰임 받기 위해 낮고 험한 길을 걸으셨다. 그리고 마침내 오늘 우리는 예수님의 십자가 은혜로 영혼이 건짐 받고 영원한 생명을 얻게 되었다.

은혜는 고여 있는 물이 아니다. 항상 흐르는 물이다. 은혜는 방향성이 있는데, 예수님이 그러신 것처럼 항상 낮은 곳을 향해 흘러간다. 우리도 하나님께 받은 은혜를 흘러가게 해야 한다. 예수님처럼 낮은 곳으로 흘러가기를 힘써야 한다.

다윗은 오랜 세월 그를 시기한 사울왕에게 쫓겨 다니며 생명의 위협을 느꼈으나 그에게 이 고난은 하나님과 친밀해지고 하나님의 은혜를 매 순간 발견하는 시간이었다. 마침내 사울이 죽고 다윗이 이스라엘의 왕이 되었을 때 그는 여전히 하나님의 은혜를 노래했다. 특히 그는 자신을 죽이려 한 사울의 자손들에게도 은혜를 베풀었다. 정적의 씨를 제거해야 하는 냉혹한 정치판의 불문율을 뒤로하고 온유의 은혜를 베풀었던 것이다. 하나님은 그런 다윗을 당신에게 합한 자라고 인정하셨고, 오늘날 우리들에게 낮은 곳으로 은혜를 흘려보내는 모범으로써 칭송하신다.

　은혜는 낮은 곳으로 흘러가야 한다. 이미 은혜를 경험한, 아니 경험하고 있는 우리가 은혜를 가득 담은 통로가 되어 아래로 흘려보내야 한다. 온몸의 감각을 일깨워서 말이다.

Heart, 뜨거운 은혜가 흐르는 마음

　은혜의 통로가 되려면 먼저 은혜를 경험한 심장(Heart)이 있어야 한다. 은혜의 통로가 된 다윗의 심장은 따뜻했다. 사무엘하 9장 3절에 표현된 그의 마음이 그랬다.

> 왕이 이르되 사울의 집에 아직도 남은 사람이 없느냐 내가 그
> 사람에게 하나님의 은총을 베풀고자 하노라 하니 ○ 삼하 9:3

　다윗은 자신을 죽이려고 한 원수 같은 사울의 남은 혈연에게 하나님의 은총을 베풀겠다고 말한다. 왕족의 역사를 보면 알 수 있듯이 최고 리더에 올랐을 때 제일 먼저 하는 일이 정적이 될 만한 사람들을 제거하는 것이다. 권좌를 위협하기 때문이다. 하지만 다윗은 오히려 그들에게 은혜를 베풀겠다고 말한다. 어떻게 이 일이 가능한가.

그것은 다윗이 하나님의 은혜를 깊이 경험한 사람이기 때문이다. 그는 "내가 그 사람에게 은총을 베풀고자 한다"고 말하지 않는다. 자신이 은총을 베푸는 자로서 선심을 쓰겠다는 표현을 하는 게 아니라 "하나님의 은총을 베풀고자 한다"고 말한다. 하나님의 은총이 곧 하나님으로부터 주어지는 전적인 은총임을 그 자신도 경험했기에 그 은혜를 전해야 한다고 믿었던 것이다.

그는 자신의 삶 가운데 풍성하게 채우셨던 하나님의 은혜를 끊임없이 고백하고 경험했다. 생명의 위협을 느꼈을 때 하나님이 그를 지켜 주셨고 대적하는 무리를 물리치고 왕이 되게 하셨다. 또한 가족조차 돌아보지 않던 목동에 불과한 그를 지명해 기름 부어 주셨고, 골리앗 장군을 쓰러뜨림으로 민족을 구원하게 하셨다. 이 모든 일이 자신의 능력이 아니라 하나님의 능력임을 그는 잘 알고 있었다. 비록 눈물의 골짜기를 수없이 건너야 했지만 그런 순간조차 하나님께서 함께하셨음을 그는 일생 동안 경험했다. 하나님의 은혜를 깊이 새긴 다윗의 심장은 언제나 뜨거웠다.

시편을 보면 다윗의 시라고 분명하게 표시된 것들이 있다. 그 시를 살펴보면 자기가 어떻게 하나님의 은혜를 받았는지 고백하며 은혜를 향한 감사를 노래한다.

"여호와여 주의 은혜로 나를 산같이 굳게 세우셨더니."(시

30:7) "주를 두려워하는 자를 위하여 쌓아 두신 은혜 곧 주께 피하는 자를 위하여 인생 앞에 베푸신 은혜가 어찌 그리 큰지요."(시 31:19) "내게 주신 모든 은혜를 내가 여호와께 무엇으로 보답할까."(시 116:12)… 이처럼 그의 시에는 하나님께 받은 은혜에 대해 어쩔 줄 몰라 하는 뜨거운 심장이 드러나 있다.

그의 심장에 이렇게 하나님의 은혜가 각인되었기에 다윗은 은혜를 결코 잊지 못한다. 사람들을 향한 뜨거운 심장도 식을 수 없다. 그랬기에 원수의 가문인 사울의 자손에게 하나님의 은혜를 베풀겠다고 말할 수 있는 것이다.

하나님의 은혜를 경험한 사람은 다윗과 같은 고백을 할 수 있다. 지금 이 순간에도 하나님은 우리에게 은혜 주기를 원하며 아낌없이 부어 주신다. 그 은혜를 발견하고 심장에 새기는 것은 우리의 몫이다. 심장에 하나님의 은혜를 새긴 사람은 은혜를 흘려보낸다.

왼쪽 가슴에 손을 얹어 보라. 끊임없이 콩닥거리며 뛰고 있는 심장이 느껴질 것이다. 그 심장도 하나님이 만드셨다. 심장의 조직은 무척 복잡하다. 심장은 1분에 60~80회 수축과 이완을 반복하며 피를 온몸에 순환한다. 하루에만 10만 번 펌프질을 한다고 한다. 만약 80년 인생을 산다면 29억 번 이상 펌프질을 하게 된다. 이 펌프질이 멈추는 순간 우리는 목숨을 잃는다. 이 펌프질 때문에 우리 생명은 유지되는 것이다.

심장이 펌프질을 할 때마다 하나님의 은혜가 고동친다. 일생 동안 하나님의 은혜가 수십 억 번 뿜어져 나온다. 한 사람에게서 나오는 은혜의 심장 소리를 상상해 보라. 얼마나 대단한가. 은혜의 통로로 세워지고, 각 기관이 은혜의 세부적 통로로 쓰임 받는 것, 그래서 은혜 속에 사는 삶은 중요하다.

Eye, 은혜를 보는 눈

"몸이 천 냥이면 눈은 구백 냥이다"는 옛말이 있다. 그만큼 우리 몸의 감각기관 중에 눈이 가진 역할이 중차대하다는 의미다. 시각 기능을 담당하는 눈은 세상을 보기 위해 앞으로 튀어나왔다고 한다. 예민한 시신경이 분포되어 있는 눈이 흔히 '본다'는 단계에 이르기까지는 빛의 양을 조절하고 굴절을 막고 상이 맺힌 이미지를 뇌에 전달하는 등 꽤 복잡한 과정을 거치게 된다. 하나님이 이토록 중요하고 디테일한 기관을 창조하신 데에는 그만한 이유가 있을 것이다. 그래서 '무엇을 보느냐'가 아주 중요하다.

은혜의 통로로 쓰임 받는 그리스도인은 '은혜를 보는 눈'이 필요하다. 다윗이 사울의 가족에게 은혜를 베풀기로 한 뒤 남은 가족을 찾았다. 다윗은 사울의 손자이자 요나단의 아들인 므비보셋이 살아 있다는 소식을 듣자 당장에 찾아보라고 명령한다. 므비보셋은 다섯 살 때 유모의 품에 안겨 쫓겨 가다가 유모가 떨어뜨리는 바람에 두 발을 절게 된 불구자였다. 그런 그를 다윗은 찾았다. 이유는 하나, 은혜를 베풀기 위해서였다. 므비보셋이 잘생겼든 지혜롭든 능력이 출중하든 그런 것에는 관심도 없다. 사울의 가문에서 어렵게 살아남은 므비보셋을 불쌍히 여길 뿐이다.

바로 이것이 은혜를 보는 눈이다. 어떤 조건도 따지지 않고 그저 은혜로 바라보는 눈이다. 하나님은 그런 다윗을 기뻐하셨다.

사도행전에도 은혜를 보는 눈을 가진 한 사람이 나온다. 바로 사도 바울의 동역자 바나바다. 성령과 믿음이 충만했던 바나바는 안디옥 교회를 바로 세우기 위해 예루살렘 교회에서 파송되어 안디옥 교회로 간다. 안디옥 교회는 이방인들이 모인 교회였다. 예루살렘 교회와 달리 예수를 처음 알게 된 이들이 모인 곳이었다. 그러니 예배하는 방식도 찬양도 기도도 말씀도 제대로 세워지지 않았다. 그런 그들을 보고 바나바가 보인 첫 반응은 이랬다.

바나바는 '왜 이렇게 엉망이야? 순 엉텅리구먼' 하지 않았다. 그들의 부족함을 보는 대신 안디옥 교회를 향한 하나님의 은혜를 보았다. 사람들의 연약함을 보지 않고 그들을 통해 예배 받으시는 하나님을 보았다. 이런 열악한 상황을 기쁘게 바라볼 수 있는 눈, 바로 은혜를 보는 눈이다.

다윗은 은혜를 보는 눈으로 므비보셋을 바라보았고 축복해 주었고 섬겼다. 자신이 먹는 밥상에서 므비보셋이 함께 식사할 수 있는 영광을 주었고 끝까지 그를 보살폈다. 무엇을 보는가가 중요하다. 하루에도 우리 눈에 들어오는 시각 정보는 정말이지 부지기수다. 그중에는 보지 말아야 할 것, 보지 않으면 더 좋았을 것, 안 봐야 할 것들도 수두룩하다. 세상이 바빠지고 복잡해지고 경쟁적일수록 그런 현상은 더 두드러진다.

은혜의 시대를 살아가는 우리 그리스도인은 은혜를 보는 눈을 가져야 한다. 아니 은혜의 눈으로 세상을 바라볼 수 있도록 구해야 한다. 나아가 '그래 걸리기만 해 봐라. 내가 은혜를 베풀 것이다' 하고 결단해야 한다. 그럴 수만 있다면 이미 은혜의 통로, 은혜를 보는 눈을 가진 사람이다.

Face, 은혜를 비추는 얼굴

> 여호와는 네게 복을 주시고 너를 지키시기를 원하며 여호
> 와는 그의 얼굴을 네게 비추사 은혜 베푸시기를 원하며 여
> 호와는 그 얼굴을 네게로 향하여 드사 평강 주시기를 원하
> 노라 할지니라 하라 ○ 민 6:24-26

이스라엘의 하나님이 이스라엘 자손을 위하여 축복하신
말씀이다. 하나님이 복 주시고 은혜를 베푸시는데 '얼굴'이
두 번이나 등장한다. 얼굴을 향하여 들고 얼굴을 비추신단
다. 왜 하필 얼굴일까?

> 하나님이여 사슴이 시냇물을 찾기에 갈급함 같이 내 영혼
> 이 주를 찾기에 갈급하니이다 내 영혼이 하나님 곧 살아 계
> 시는 하나님을 갈망하나니 내가 어느 때에 나아가서 하나
> 님의 얼굴을 뵈올까 ○ 시 42:1-2

우리 영혼의 갈급함을 사슴에 비유해 아름답게 표현한
시다. 그런데 우리 영혼이 갈급한 이유는 '하나님의 얼굴'을
보지 못하기 때문이라고 말한다. 이를 통해 하나님의 얼굴
은 우리 영혼이 충족하게 채워지는 근원이라는 것을 알 수

있다.

1999년 홍콩 캐세이퍼시픽 항공사 승무원들이 '노 스마일'(No Smile) 파업을 한 적이 있다. '승무원=미소'가 자연스럽게 연결되는데 자신들의 요구를 들어주지 않으면 더 이상 웃음을 짓지 않겠다는 것이었다. 이후 항공사 매출이 큰 폭으로 하락했다. 얼굴에 드러나는 미소는 친절과 배려를 의미한다. 승무원들의 얼굴에 미소가 사라졌을 때 승객들은 친절함과 배려를 느낄 수 없었고, 이것이 항공사 매출에 영향을 미친 것이다. 결국 임원진이 항복하고 승무원들의 요구를 들어주었다.

얼굴은 마음의 초상화라고도 한다. 신앙의 깊이도 얼굴에서 드러난다. 전도할 때도 제일 먼저 어필하는 것은 전도지가 아니라 얼굴이다. 믿음의 깊이를 대변하는 얼굴, 그렇기에 하나님은 축복하실 때 진심을 드러내는 얼굴을 전면에 내세우신 게 아닐까 싶다.

다윗의 이야기로 돌아가 보자. 다윗이 므비보셋을 찾았을 때였다. 당시 므비보셋은 이미 할아버지의 왕조에서 다윗의 왕조로 바뀌었기에 스스로 생명의 위협을 느끼고 로드발이라는 곳에서 숨어 살았다. 그러던 어느 날 다윗의 부름이 있었다. 순간 므비보셋은 죽음을 예감했을 것이다. 하지만 그것은 끝이 아닌 시작이었다.

다윗이 그에게 이르되 무서워하지 말라 내가 반드시 네 아
버지 요나단으로 말미암아 네게 은총을 베풀리라 내가 네
할아버지 사울의 모든 밭을 다 네게 도로 주겠고 또 너는
항상 내 상에서 떡을 먹을지니라 하니 ○ 삼하 9:7

죽음을 예감하고 끌려 나온 므비보셋에게 다윗은 도리
어 두려워하지 말라, 은총을 베풀리라고 한다. 이때 다윗의
얼굴은 어땠을까. 왕으로서 근엄하고 권위적이며 딱딱한 얼
굴은 아니었을 것이다. 므비보셋이 위로와 평안을 느낄 수
있는 온화한 얼굴이었을 것이다. 다윗은 사울의 모든 재산
을 므비보셋에게 주었을 뿐 아니라 왕의 식탁에서 함께 식
사하는 특권까지 주었다. "내 상에서 같이 밥을 먹자"고 말
하는 다윗의 얼굴은 마치 아들을 바라보는 자애로운 아버
지의 얼굴이었을 것이다.

어떤 사람을 보면 보는 것만으로도 은혜가 되는 얼굴이
있다. 잘생기고 아니고를 떠나 은혜로운 얼굴이다. 보기만
해도 온화하고 함께하고 싶고 도움을 받고 싶고 주고 싶은
그런 은혜의 얼굴이다. 하나님은 그런 사람을 원하신다. 하
나님의 은혜를 받은 사람은 그 얼굴에서 은혜가 흘러넘치
기 때문이다. 얼굴에서 빛이 나기는커녕 살기등등하고 찔러
도 피 한 방울 안 나올 것 같은 얼굴이라면 은혜의 얼굴을

구해야 한다. 하나님의 은혜는 얼굴로 전해질 수 있다. 은혜의 얼굴이 복음의 통로가 되는 것이다.

은혜의 전신갑주

다윗으로 인해 은둔자에서 왕의 식탁에 앉는 축복자로 인생이 바뀐 므비보셋의 삶을 생각해 보라. 므비보셋은 두 다리를 절었고, 할아버지와 아버지뿐 아니라 가족을 잃고 그 가족이 누리던 영화까지 잃어버린 불행한 사람이었다. 그런 그에게 다윗이 은혜의 통로가 되어 심장에서 눈으로 눈에서 얼굴로 은혜를 전달했다. 왕과 함께 식탁에서 대화를 나누고 자애로운 위로를 듣고 재산을 돌려받은 므비보셋에게 무엇보다 가장 큰 변화는 외로움을 치유 받았다는 것이었다.

그런 므비보셋이 바로 우리다. 하나님은 그처럼 연약하고 불구이며 불행에 빠진 우리를 초청하시고 은혜의 만찬에 참여토록 하셨다. 하나님의 얼굴로 우리에게 비추사 평강을 주셨고 그의 밝은 눈으로 우리를 지켜보시며 돌보셨다. 그리고 아바 아버지라고 부르게 하셨다. 얼마나 큰 은혜인가!

이제 우리는 또 다른 므비보셋을 위한 다윗이 되어야 한다. 은혜를 넘치도록 받았으므로 은혜를 보는 눈을 뜨고 은혜의 얼굴과 은혜의 심장을 가지고 우리 주변의 므비보셋을 찾아야 한다. 이것이 성경이 말하는 은혜를 입히는 모습이다.

어느 선교지에 한센병원이 있었다. 나병환자들만 모여 있는 이 병원은 일손이 늘 부족했는데 선교사로 온 의사와 간호사들이 헌신한 덕분에 병원은 유명해졌다. 그래서 관광객들도 이곳에 들러 그 은혜의 현장을 답사하곤 했다.

어느 날 간호사들이 환자의 고름을 닦아 주며 정성껏 치료하는 모습을 한 관광객이 물끄러미 바라보다가 자기도 모르게 마음속으로 생각한 것을 입 밖으로 말하고 말았다.

"누가 백만 불을 준다고 해도 난 저거는 못 하겠다."

순간 정적이 흘렀다. 그의 말이 환자의 고름을 닦고 있던 간호사의 귀에도 들렸기 때문이다. 어느 누구도 감히 입을 열지 못하고 있는데 고름을 닦던 간호사가 고개를 들어 그를 쳐다보며 은혜로운 얼굴로 말했다.

"저도 백만 불을 준다고 해도 안 할 겁니다."

"네? 그런데 왜…?"

"하나님의 은혜 때문에 합니다."

그 간호사야말로 은혜의 전신갑주를 입은 헌신자가 아

닐까 싶다. 그 사람의 말과 행동, 표정이 은혜의 통로가 되었음은 말할 것도 없다.

하나님은 은혜를 모든 사람에게 베풀고 싶어 하신다. 하나님의 은혜를 아는 사람은 그 은혜를 더 낮은 곳으로 흐르게 해야 한다. 여전히 은혜가 충만하지 않은 곳으로, 아직 은혜를 경험하지 못한 곳으로 흘려보내야 한다.

복음에만 전신갑주가 필요한 게 아니다. 은혜의 사람이 되기 위해서도 은혜의 전신갑주를 입고 은혜로 충만한 눈, 은혜로 뜨거운 심장, 은혜로운 얼굴을 갖추어야 한다.

가정은 은혜의 샘물이다

은혜가 머무는 곳

예전에 섬기던 교회에 집사님 부부가 있었다. 두 분 모두 어찌나 귀하게 교회를 섬기는지 늘 입가에 웃음이 끊이지 않고 볼 때마다 화사한 모습으로 성도들을 섬기는 모습이 참 인상적이었다. 덕분에 행복한 가정의 본이 되어 다른 성도들에게도 선한 영향을 끼쳤다.

그러던 어느 날 그 집사님 댁에 심방을 가게 되었다. 부목사님과 함께 가정을 위해 예배를 드리고 차를 마시며 담소를 나누었다.

"두 분은 워낙 천사 같아서 한 번도 안 싸우시겠어요."

부목사님이 두 분을 칭찬하기 위해 이같이 말을 꺼냈다.

"아… 네."

그 순간 멋쩍게 웃으며 서로를 바라보는 두 분의 표정에서 나는 '직접 한번 살아 보세요' 하는 들리지 않는 말을 들을 수 있었다. 남들이 원앙 같다고 입술에 침이 마르도록 칭찬하는 부부라도 말 못할 사정이 있을 수 있다. 남들에게는 포장할 수 있어도 가정은 생활이므로 부부간에는 포장이 잘 안 된다. 본연의 모습이 그대로 노출될 수밖에 없다. 그래서 집 밖의 모습과 집 안의 모습이 전혀 다를 수 있다. 한 번은 TV에서 광고를 본 적이 있다.

사원 김아영은 상냥하지만 딸 김아영은…

꽃집 주인 이효진은 친절하지만 엄마 이효진은…

친구 김범진은 쾌활하지만 아들 김범진은…

부장 김기준은 자상하지만 남편 김기준은…

당신은 안과 밖이 다른 사람인가요?

밖에서 보여 주는 당신의 좋은 모습,

집 안에서도 보여 주세요.

집에선 죄악된 모습, 연약한 모습, 들키고 싶지 않은 부끄러운 모습 등 우리의 적나라한 모습이 그대로 나타난다. 집에서 엄마로서, 아버지로서, 딸과 아들로서, 아내와 남편으로서 어떤 모습인지 돌아보라. 남한테는 할 수 없는 말도 가족에게는 서슴없이 할 때가 많지 않은가. 너무 이기적이고 무례하지 않은가.

빌리 그레이엄 목사의 부인 루스 그레이엄 여사에게 어떤 기자가 짓궂은 질문을 했다.

"빌리 그레이엄 목사님과 결혼생활하면서 이혼하고 싶은 생각이 든 적이 없습니까?"

세계 각국의 집회를 인도하느라 자주 외국에 나가는 목사님으로 인해 다섯 자녀를 거의 혼자 건사했던 루스 여사는 이렇게 대답했다.

"아니요. 이혼하고 싶은 생각은 한 번도 없었지만 가끔은 죽이고 싶었습니다."

그러고 보면 가장 은혜가 필요한 곳이 가정이 아닐까 싶다. 가정이야말로 은혜 없이는 유지될 수 없는 곳이기 때문이다.

흔히 결혼한 부부들이 하는 말이 있다. "결혼 전엔 그렇게 잘해 주더니 결혼하고 나니까 사람이 완전히 달라졌다. 속아서 결혼한 것 같다." 그런데 속인 것도 속은 것도 아니다. 자기 자신도 알지 못하는 모습이 드러났을 뿐이다. 그러니 우리의 진짜 모습이 드러나는 가정에서 사랑하고 용서하고 이해하며 사는 것이 얼마나 큰 은혜인지 모른다.

가정이 바로서려면 은혜가 흘러야 한다. 가정에 흐르는 은혜가 개인이나 사회에 미치는 파워는 실로 대단하다.

은혜가 풍성한 가정

언젠가 영상 사이트를 통해 'Best proposal'을 본 적이 있다. 최고의 프러포즈 장면을 모아 놓은 영상이었는데, 특히 기억나는 것이 미식 축구장을 빌려서 프러포즈를 한 경우였다. 여자는 눈을 가린 채 남자의 손에 이끌려 왔다가 광활한 축구장이 눈에 들어왔을 때 감격해서 어쩔 줄 몰라 했다. 그때 남자가 여자에게 프러포즈하며 수많은 약속을 했다.

"이제부터 너만을 사랑할 것이고 너를 위해서 살고 너에게 좋은 것을 줄 것이고 가장 잘 지켜 줄 것이고…."

끊임없이 쏟아지는 약속을 들으며 여자는 벅찬 감격에 눈물을 흘리는데 나는 그 모습을 지켜보며 저 많은 약속을 지키려면 정말이지 크고 특별한 하나님의 은혜가 필요하겠단 생각을 했다. 그런 약속을 받은 여자에게도 하나님의 은혜가 필요할 것이다. 다 지키지 못할 약속을 남발한 남자를 이해하고 사랑하려면 얼마나 큰 은혜가 필요하겠는가.

부부가 서로를 용서하고 포용하려면 하나님의 은혜가 필요하다. 상대 배우자의 오랜 습관, 반복적인 실수, 몸에 밴 태도는 웬만해선 내가 원하는 모습으로 변화하지 못한다. 배우자는 변화시킬 수 없어도 차라리 내가 이해하고 용서하고 포용하면 부부 관계가 변할 수 있다. 은혜가 없는 가정은 마치 지옥과 같다.

누누이 말했듯이, 은혜란 자격 없는 자를 향해 조건 없이 주시는 사랑이다. 그 은혜가 가정에 넘쳐야 한다. 요즘 세상이 아무리 흉악하다 해도 세상에 은혜가 흐르게 할 곳은 여전히 가정이다. 가정에 은혜가 가장 많아야 한다. 하나님이 애초에 그렇게 만드셨다. 가정을 디자인하실 때 하나님의 은혜를 가장 근접하게 담은 곳으로 만드신 것이다. 부부간에 자격 없이, 조건 없이 서로 이해하고 용서하면서 '아 하나님의 은혜가 이런 것이구나' 깨닫고 경험하도록 하셨다. 자녀를 키우며 자녀 된 우리를 향한 하나님 사랑의 깊이와 넓이를 이해하도록 하셨다.

가정은 은혜의 샘물이 우러나오는 곳이다. 하나님의 은혜를 가장 많이 닮은 가정에서 우리는 무엇보다 용서의 은혜를 경험하게 된다. 다른 관계와 달리 가족끼리는 굳이 용서를 구하지 않아도 용서 받고 용납 받는다. 아니 잘못한 것이 없어도 사랑하기 때문에 내가 잘못했다고 먼저 용서를 구한다. 이런 은혜의 공간이 어디 있는가. 그래서 가정은 은혜의 보금자리다.

매주 토요일이면 내겐 중요한 스케줄이 있다. 이제 가정을 꾸린 예비 신혼부부의 결혼식에 가서 주례를 서는 일이다. 하루에 두 번에서 세 번까지 설 때도 있다. 사실 토요일은 주일 설교를 위해 기도하고 묵상하며 보내고 싶지만 가정의 소중함을 생각하면 그 일도 내가 할 일이라 여겨져 마다할 수 없다.

내가 주례를 할 때 반드시 빼놓지 않는 순서가 있는데 바로 부부서약이다. 그 내용은 대충 이렇다.

"신랑과 신부가 서로를 맞아 동고동락하며 환경이 좋든지 나쁘든지, 부하든지 가난하든지, 건강하든지 건강하지 않든지 하나님의 거룩한 율법대로 죽을 때까지 당신을 사랑하며 당신을 보호하며 당신께 순종할 것을 엄숙하게 서약합니다."

결혼식에서 서약한 대로 부부는 어떤 상황이나 여건에서도 죽는 날까지 서로를 사랑하고 보호해야 한다. 이것을 가능하게 하는 것은 은혜다. 각 가정에 이와 같은 은혜가 넘치길 기도한다.

세상에서 가장 아름다운 것을 그리고 싶어 하던 화가가 있었다. 그는 가장 아름다운 것이 무엇인지 찾고 또 찾았다. 그러다 한 사람을 만나 세상에서 가장 아름다운 것이 무엇이냐고 물었다. 그는 '믿음'이라고 대답했다. 또 다른 사람을 만나서 묻자 그는 '사랑'이 가장 아름답다고 대답했다. 그리고 또 다른 사람은 '평화'라고 대답했다.

화가는 사랑과 믿음, 평화가 다 있는 것이 무엇일까 고민했다. 어느 날 집의 문을 열고 들어서는 순간 그는 무릎을 쳤다.

'그래! 가정이 가장 아름다운 곳이로구나!'

그는 문을 열고 들어오는 아빠를 향해 달려오는 아이의 눈에서 아버지를 향한 강한 믿음을 보았다. 뒤따라 나오는 아내의 눈에선 사랑을 보았다. 그리고 가족끼리 식탁에 둘러앉아 식사하는 모습을 보면서 평화를 보았다. 세상에서 가장 아름다운 것이 가정이라는 사실을 깨달은 화가는 이후 그의 화폭에 따뜻한 가정만 담았다고 한다.

은혜의 가정은 어떻게 이룰 수 있을까?

은혜는 전적으로 주어지는 것이므로 임의로 만들 수 없다. 그렇기에 하나님의 은혜를 먼저 구해야 한다. 우리는 기도하면서 물질의 풍요를 구하기도 하고 가족의 건강과 성공을 구하기도 한다. 하지만 가정을 위해 가장 먼저 구해야 할 것은 하나님의 은혜다. 하나님의 은혜가 임할 때 구원도 건강도 풍요도 의미가 있다.

은혜로운 가정을 이루는 것은 내 힘으로 할 수 없다는 것을 인정하고 겸허히 낮아지는 것이다. 하나님은 우리의 겸손을 보시고 기쁘게 은혜를 주신다.

> 여호와께서 집을 세우지 아니하시면 세우는 자의 수고가 헛되며 여호와께서 성을 지키지 아니하시면 파수꾼의 깨어 있음이 헛되도다 너희가 일찍이 일어나고 늦게 누우며 수 고의 떡을 먹음이 헛되도다 ◦ 시 127:1–2

가정을 세우려면 우리의 파수꾼 되신 하나님의 보살핌이 반드시 필요하다. 가정은 전적으로 하나님의 은혜로 세워져야 하는 것이다. 아내와 남편의 관계에도 하나님이 전적으로 개입하시는 은혜가 있어야 하고, 자녀와 부모의 관계에도 하나님의 파수가 전적으로 필요하다.

어느 가정에 한창 사춘기를 지나고 있는 중학생 아들이 있었다. 아들은 날마다 게임 삼매경에 빠져서 부모의 근심거리였다. 아버지는 어느 날 거의 자정이 넘어 집에 들어와 아들의 방문을 열고 들어갔다. 중학생 아들은 그때까지 게

임을 하고 있었다. 화가 난 아버지가 소리쳤다.

"너 이렇게 게임만 할 거면 집 나가! 나가 버려!"

이렇게 버럭 소리를 지르고 방문이 부서져라 닫고는 안방으로 돌아왔는데 그때부터 걱정이 밀려왔다. '홧김에 한 말인데 아들이 반항심에 집을 나가 버리면 어쩌나, 이 밤에 나가 버리면 위험할 텐데'하며 별의별 걱정이 다 되었다. 그렇다고 다시 들어가서 "아까는 실언이었다. 나가지 않아도 된다"고 말하려니 영 체면이 안 섰다.

결국 그 아버지가 선택한 방법은 방문을 조금 열어 놓고 문틈으로 바깥 동향을 살피는 것이었다. 잘 보이지도 않는 틈으로 바깥을 염탐하며 아들이 나가나 안 나가나 지켜보다가 밤을 꼬박 새웠다. 정말 화가 난 사람은 아버지이고 잘못한 것은 아들인 것 같은데 벌은 아버지가 선 것이다. 이 이야기를 하면서 그 아버지는 정말 자식 키우는 일엔 하나님의 은혜가 두 배로 필요하다고 말했다.

어느 가정이나 이런 상황이 닥친다. 이러지도 저러지도 못하는 상황, 정말 답이 없는 상황이 닥쳐온다. 가족이 아파서 온 가족의 생활이 마비되기도 하고 물질의 문제로 가족 전체가 고통을 겪기도 한다. 어떤 가정은 믿지 않는 남편이나 믿지 않는 아내로 인해 힘들어하고, 어떤 가정은 신앙생활을 하는 부모가 본이 되지 않아 자녀가 하나님을 떠나 비뚝어지기도 한다. 인류의 영원한 숙제라고도 하는 고부간의 갈등은 또 어떤가. 사춘기 자녀와 사추기 부모의 피 말리는 갈등도 답이 나오지 않는 상황이다.

이럴수록 하나님의 은혜가 필요하다. 우리의 능력으로는 안 된다. 하나님이 도와주셔야 문제에서 벗어날 수 있다.

그렇기에 은혜의 가정을 이루기 위해선 먼저 은혜를 구해야 한다. 가정에 은혜가 필요함을 고백하고 구할 때 곳곳에 은혜가 단비처럼 내린다.

은혜의 가정을 이루기 위해 하나님께 은혜를 구하는 동시에 할 일이 있다. 가족을 귀하게 여기는 것이다. "그를 더 연약한 그릇이요 또 생명의 은혜를 함께 이어받을 자로 알아 귀히 여기라"(벧전 3:7)고 했듯이 가족을 귀하게 여겨야 한다.

어떻게 귀하게 여겨야 할까?

> 아내들아 이와 같이 자기 남편에게 순종하라… 남편들아 이와 같이 지식을 따라 너희 아내와 동거하고… 귀히 여기라 ◦ 벧전 3:1-7

먼저 아내는 정결한 모습으로 남편에게 순종하라고 하신다. 이는 외모뿐 아니라 내적인 아름다움을 갖추라는 뜻이다. 사라가 자기 남편 아브라함을 향해 '나의 주인'이라고 고백한 것처럼 순종하라고 말씀하신다. 남편은 아내를 연약한 그릇을 대하듯 귀하게 여기라고 하신다. 존중하고 배려하고 보살피라는 의미다.

아내에게는 순종을, 남편에게는 사랑을 이야기하지만 사실상 같은 말이다. 서로를 소중하고 존귀하게 여기라는 의미인 것이다. 아내가 순종의 모습을 보일 때 남편은 중요하게 여김을 받고, 남편이 사랑할 때 아내는 소중히 여김을 받는다.

> 너희도 각각 자기의 아내 사랑하기를 자신같이 하고 아내
> 도 자기 남편을 존경하라 ○ 엡 5:33

부부간에는 이기심을 버려야 한다. 이 역시 은혜로 가능한데, 이기심을 버릴 때 서로 격려할 수 있다. 더 사랑할 수 있다.

가족이 얼마나 소중한 존재인가. 너무 가까이 있다 보니, 늘 거기에 있다 보니 소중한 것인 줄을 잊어버리고, 아내가 더 이상 아름다워 보이지 않는다고, 남편이 더 이상 멋져 보이지 않는다고 불평하고 그러다 소원해지고 어색해진다. 하나님이 디자인하신 가정은 그런 모습과 아주 거리가 멀다.

자녀들이 태어나 꼼지락거리고 있을 때, 그 아이들이 어느새 기어 다니더니, 커서 두 발로 직립보행이 가능해졌을 때 부모는 얼마나 감격했던가. 그러나 그렇게 사랑스럽던 아이도 사춘기라는 광풍이 불면 세상에 그런 원수가 없을 만큼 끔찍한 존재가 된다. 자기도 모르게 말로 상처를 주고 비난한다. 하지만 가족은 하나님이 주신 또 다른 '나'다. 내가 소중한 만큼 가족을 소중하고 귀한 존재로 바라볼 수 있는 눈이 필요하다.

하나님께 가정의 은혜를 구할 때 은혜가 임하고, 그 은혜를 통해 가족을 바라보는 눈이 귀하게 변할 것이다. 귀하게 여기는 마음, 그 귀함이 은혜의 가정을 견고히 세워 나갈 것이다.

내가 먼저 은혜의 전령사가 되자

은혜의 가정이 되려면 하나님의 은혜가 가정에 임해야 한다고 했다. 그런데 그 시작은 나로부터다. '내가 은혜를 받으면' 그 은혜가 가정까지 전해진다. 가족 간에 갈등이 있거나 변화가 필요하다고 여길 때 우리는 흔히 "하나님 저 사람의 마음을 바꿔 주십시오" 하고 기도한다. 하지만 은혜 받은 가정은 "하나님, 제가 바뀌겠습니다" 하고 기도한다.

　신혼부부들은 서로를 자기 기호에 맞게 변화시키려고 애를 쓴다. 흔히 주도권 싸움이라고 말한다. 하지만 누구도 성공하지 못한다. 내 힘으론 절대 배우자를 변화시킬 수 없다. 뒤늦게 그 사실을 깨닫고 이번엔 하나님께 배우자를 변화시켜 달라고 매달린다. 그래도 안 바뀌는 배우자를 보며 '하나님도 저 사람은 어쩔 수 없으시겠구나' 하고 불평한다. 그때 하나님의 은혜가 임한다. 그 은혜는 내가 바뀌는 것이다. 내 생각과 고집, 신념을 바꾸시므로 배우자를 이해하는 눈을 갖게 하시는 것이다.

　내가 은혜를 받으면 모든 것이 은혜롭게 보인다. 은혜를 나누고 싶어진다. 한 사람이 은혜를 받을 때 가정은 놀랍도록 변화된다. 내가 먼저 은혜를 받아 은혜의 전령사가 될 때 가정은 아름답게 변하고 가장 가까운 가족에게 은혜를 끼치게 된다. 그 은혜는 다른 가족에게 흘러가고 가정들을 세우는 은혜의 씨앗이 될 것이다.

그러나 더욱 큰 은혜를 주시나니

그러므로 일렀으되

하나님이 교만한 자를 물리치시고

겸손한 자에게 은혜를 주신다 하였느니라

약 4:6

Part 4.

The Fullness of Grace

매일 은혜로
충만하다

고난의 은혜:
약할 때 은혜가 능력이 된다

고난은 인생길의 동반자다

갓 초등학교에 입학한 아이들의 수학 시간이다. 선생님이 아이들에게 더하기 개념을 가르치고 있다. 아이들이 셈을 쉽게 이해하게 하려고 손가락을 이용해 더하기를 가르쳤다.

양 손가락 두 개씩을 내보이며 말씀하셨다.

"자, 1 더하기 1은 뭐가 될까?"

"2."

"그렇지. 자, 그럼 이번엔 손가락 두 개씩 사용해서 셈을

해 보자. 2 더하기 2는 뭐지?"

"4."

이번에는 손을 내보이지 않으며 말씀만 하셨다.

"옳지. 그럼 이번엔 6 더하기 6을 해 볼까?"

순간 아이들의 손가락이 바쁘게 움직이기 시작했다. 일단 한 손으로 6을 표현할 수가 없기에 두 손을 이용해서 6을 만든 뒤 또다시 6을 더하려니 손가락이 모자라는 사태가 발생한 것이다. 아이들은 부족한 손가락을 어떻게 채울 것인지 고민하는데 맨 뒤에 앉아 있던 한 아이가 이렇게 투덜댄다.

"칫! 쉬운 건 선생님이 다 하고…."

맞다. 인생은 쉬운 일이 없다. 어려움이 없는 사람은 아무도 없다. 우리가 모두 부러워하는 백만장자라고 고민이 없을까. 그렇지 않다. 백만장자는 백만 가지 걱정이 있다는 옛말이 틀리지 않을 정도로 그들은 그들 나름대로 고민이 훨씬 더 많다. 선망의 대상이 되는 이들도 그 삶을 들여다보면 나름대로 고민이 있고 고난을 겪고 있다.

아프리카 어느 마을에는 강이 하나 있다고 한다. 강물이 깊은 건 아닌데 물살이 무척 세서 주변 마을 사람들이 꼭 하는 행동이 있다고 한다. 강물을 건널 때 무조건 돌을 하나씩 지고 간다는 것이다. 거친 물살에 자칫 쓸려 갈 것을

일상 은혜의 힘

염려해서 낸 비책인 것이다.

누구나 등에 지고 있는 돌덩이 하나, 이것이 바로 인생 길에 동반자가 되는 고난이 아닐까 싶다. 돌의 무게와 크기는 조금씩 다르지만 어느 누구를 막론하고 짐이 있다. 누구든지 삶의 무게를 느끼며 살아가고 있다.

바울이 가졌던 육체의 가시

고난 하면 떠오르는 성경의 인물들이 많지만 바울을 빼놓을 수 없다. 그는 위대한 하나님의 종이요 사도였다. 예수님을 만나 회심한 뒤 그는 놀라운 능력과 말씀과 복음의 은혜를 가진 자로 이방 선교에 앞장섰다. 수많은 교회를 세우고 세계를 다니며 복음을 증거했다. 그는 영적인 황홀경 가운데 하나님의 깊은 것을 경험한 사도이기도 했다.

그런데 그에게도 많은 고난이 있었다. 이방을 다니며 선교를 하다가 당하는 고난과 고통뿐만 아니라 내적으로 겪는 고난도 있었다. 그는 그것을 육체의 가시라고 표현했다. 고린도교회에 보낸 서신에서 그는 자신의 가시에 대해 이렇게 설명한다.

> 여러 계시를 받은 것이 지극히 크므로 너무 자만하지 않게
> 하시려고 내 육체에 가시 곧 사탄의 사자를 주셨으니 이는
> 나를 쳐서 너무 자만하지 않게 하려 하심이라 ○ 고후 12:7

바울은 육체의 가시를 사탄의 사자라고 표현한다. 그만큼 힘들고 아픈 문제였던 것이다. 가시의 헬라어는 스콜롭스(scolops)로 '예리한 것'이란 의미가 포함되어 있다. 뭔가 날카로운 것이어서 말뚝이나 낚시용 쇠갈퀴에 이 단어를 사용한다. 사도 바울이 앓던 육체의 가시는 이처럼 예리한 것에 찔리듯이 아프고 고통스러운 것이었다. 그는 갈라디아서에서 이 육체의 가시가 너희를 시험한다고 말하고 있다.

> 너희를 시험하는 것이 내 육체에 있으되 ○ 갈 4:14

어떤 시험이었을까? 바울은 회중 앞에 자주 서야 했으므로 사람들에게 본이 되지 않는 시험이 아니었을까. '아니 하나님의 종 사도 바울도 저렇네' 하고 수군거릴 만한, 사람들을 시험 들게 하는 것이 그의 육체 안에 있지 않았을까 한다.

과연 바울이 가졌던 육체의 가시란 무엇일까? 위대한 종, 영적인 사람이라고 불리는 바울조차 이토록 절절히 고

백하게 하는 육체의 가시란 과연 무엇일까?

많은 성경학자들이 바울이 가졌던 육체의 가시에 대해 연구를 했다. 여러 견해가 있으나 일반적으로 받아들여지는 견해는 안질이나 눈과 관련된 질환으로 보는 것이다. 여러 말씀에서 그 근거를 찾을 수 있다. 바울은 사람들을 시험할 만한 것이 자신의 육체에 있음을 고백한 다음 이렇게 말한다.

> 내가 너희에게 증언하노니 너희가 할 수만 있었더라면 너희의 눈이라도 빼어 나에게 주었으리라 ◦ 갈 4:15

이 말씀을 장면으로 연상해 보자. 많은 사람들이 바울의 설교를 듣고 있다. 관중 앞에 선 바울이 복음을 증거하고 있는데 사람들이 안질을 심하게 앓고 있는 그의 모습을 보고 있다. 그들 중에는 그런 바울을 안타깝게 바라보는 이도 있을 것이고, 복음이 좋은 소식이라면서 안질 하나 치유 받지 못하나 하고 의아해하는 사람도 있을 것이다. 그래서 바울은 할 수만 있다면 다른 사람의 눈이라도 빼어 건강한 모습으로 사람들 앞에 서고 싶었을 것이다.

그가 안질을 앓았음을 짐작할 만한 구절이 또 있다.

내 손으로 너희에게 이렇게 큰 글자로 쓴 것을 보라

○갈 6:11

　안질로 인해 시력이 떨어져 글자를 크게 썼을 것으로 짐작할 수 있다.

　그런가 하면 바울이 안질보다 더 심각한 병을 앓았을 것이라고 주장하는 학자들도 있다. 당시 사회에서 부끄럽게 여기던 질병, 사람들을 시험 들게 만들던 뇌전증(간질)이 아니었을까 하는 것이다. 뇌전증은 갑자기 발작을 일으키는 병이라 청중 앞에서 그런 증상을 보였을 수도 있다.

　그런가 하면 육체의 질병이 아니라 관계의 어려움이라고 주장하는 견해도 있다. '눈엣가시 같다'고 표현하는 것처럼 어떤 사람은 가시를 찌르는 것처럼 힘들게 하기도 한다. 그래서 바울이 그를 힘들게 하는 사람들 때문에 육체의 가시를 가졌다고 표현한 게 아닐까 하는 것이다.

　이렇듯 여러 견해가 있지만 어떤 것도 정확하지 않다. 다만 분명한 것은 '사탄의 사자'라고 표현할 만큼 육체의 가시가 사도 바울을 고통스럽게 했다는 사실이다. 능력의 종, 말씀의 종, 기도의 사도인 바울이 그 고통이 얼마나 컸던지 전능하신 하나님께 세 번이나 낫게 해 달라고 간구했다.

　오늘날 우리에게도 사도 바울과 같이 육체의 가시라고

생각되는 수많은 가시들이 존재한다. 움직일 때마다 뾰족하고 예리한 가시가 찔러 대어 상처를 내고 고통스럽게 한다. 때로 이성까지 마비시킨다.

그 가시는 육체의 질병일 수도 있고, 관계의 어려움일 수도 있다. 또 오랫동안 기도했지만 응답은 고사하고 방향조차 잡을 수 없는 사안일 수도 있다. 자꾸만 쓰러지게 만드는 연약함일 수도 있다. 몸을 찌르며 피를 흘리게 만드는 이 육체의 가시를 어떻게 바라보아야 할까?

사도 바울은 자신의 가시를 용기 있게 고백하면서 그 가시조차 하나님의 은혜라고 고백한다. 그도 우리와 같이 가시가 있었다는 사실에 위안을 얻으면서도 그조차 은혜라는 말에는 동감하기가 쉽지 않다. 그렇다면 바울이 이같이 고백할 수 있는 이유는 무엇일까?

바울은 고난 속에 임하는 하나님의 은혜를 체험했다. 이 체험 때문에 그는 가시가 은혜라고 고백할 수 있었다. 그렇다면 과연 고난 속에 임하는 하나님의 은혜는 무엇일까? 바울은 그 은혜를 어떻게 발견한 것일까? 바울이 체험한 은혜를 우리도 발견할 수 있다면 가시는 더 이상 고통만 주지 않을 것이다.

사도 바울이 고난은 은혜의 표식이라고 고백한 이유는 무엇일까?

사도 바울이 육체의 가시를 위해 세 번이나 간구했을 때 하나님은 그의 가시를 제거해 주지 않으셨다. 위대한 사도의 이름에 걸맞은 기적을 보여 주지 않으셨다. 오히려 하나님은 바울이 당한 고난을 그대로 두셨다. 그러면서 이렇게 말씀하셨다.

> 나에게 이르시기를 내 은혜가 네게 족하도다 ∘ 고후 12:9

바울은 다른 문제를 가지고 하나님께 나아간 것이 아니다. 육체의 가시, 곧 고통의 문제를 가지고 하나님께 나아갔다. 그런데 하나님은 고쳐 주시지 않고 오히려 주신 은혜가 족하다고 말씀하셨다. '족하다'는 말은 '충분하다'는 뜻이다. 다시 말해 하나님의 은혜가 바울에 충만하다는 것이다.

이 말씀은 하나님의 은혜에는 한계가 있다는 뜻이 아니다. 말 그대로 바울의 삶에서 하나님의 은혜가 충만하다는 뜻이다. 그의 삶 가운데 하나님의 은혜가 충분한데 더 이상 무엇을 염려하느냐는 의미이기도 하다.

사실 이것은 우리가 기대하던 대답이 아니다. 하지만 하나님의 생각은 우리와 다르며 우리의 한계를 뛰어넘는다. 육체의 가시에 오히려 은혜가 넘치게 함으로써 하나님의 뜻을 이루시는 것이 하나님의 생각이다.

어떻게 가시를 그냥 두는 것이 하나님의 은혜일 수 있을까? 바울은 그 은혜가 족하다는 하나님의 음성을 듣고 고난의 가시가 자신에게 어떻게 은혜가 되었는지 이렇게 고백했다.

> 그러므로 내가 그리스도를 위하여 약한 것들과 능욕과 궁핍과 박해와 곤고를 기뻐하노니 이는 내가 약한 그때에 강함이라 ○ 고후 12:10

자기의 약한 점, 육체의 가시뿐만 아니라 능욕 곧 무시를 당하고 모욕을 당하며 가난에 처하고 복음을 전하는 것 때문에 핍박당하는 것을 바울은 기뻐한다고 말하고 있다. 이렇게 약할 때 오히려 강하다고 말한다. 고난을 어떻게 기뻐할 수 있을까? 바울은 하나님께서 허락하신 육체의 가시 가운데 있는 여호와의 선하신 목적을 알았다. 그래서 기뻐할 수 있었다.

여러 계시를 받은 것이 지극히 크므로 너무 자만하지 않게
하시려고 내 육체에 가시 곧 사탄의 사자를 주셨으니 이는
나를 쳐서 너무 자만하지 않게 하려 하심이라 ◦ 고후 12:7

이 짧은 구절에 두 번이나 반복되는 말이 있다. 바로 '너
무 자만하지 않게 하시려' 한다는 것이다. 육체의 가시를
둔 하나님의 목적은 더 겸손하게 하고, 더 기도하게 하고,
더 하나님 앞에 나아가게 하는 것이다. 바울은 이것을 발견
했기에 기뻐할 수 있었다.

육체의 가시는 우리를 힘들게 한다. 상황을 어렵게 만들
고 고통스럽고 괴롭게 한다. 하지만 그 덕분에 우리는 더
욱 무릎을 꿇을 수 있다. 주의 이름을 부르며 매달릴 수 있
다. 더 낮아지며 겸손해질 수 있다. 하나님을 전적으로 의지
할 수 있다. 이것이 은혜다. 하나님과 깊은 교제로 나아가게
하기 때문이다. 만일 가시가 없다면 우리는 너나할 것 없이
내 힘과 내 지혜, 내 능력을 붙잡을 것이다. 곧 교만해지는
것이다. 우리는 강할 때 가장 약한 자가 된다.

한 성도가 갑자기 중한 병에 걸려 급하게 치료를 받게
되었다. 갑작스레 발견된 종양이 예후가 좋지 않은 것이어
서 온 교회와 신앙의 동역자들이 모여서 그를 위해 기도했
다. 고쳐 주시는 하나님의 손길을 의지하며 작정으로 기도

하고 금식으로 기도했다. 그때 하나님의 은혜가 임했다. 할 수 없다던 수술을 할 수 있게 되었고 성공적인 수술과 함께 신약 임상에 참여하게 되었으며, 다행히 신약이 몸에 잘 적응해서 놀랍게 회복되었다. 온 교회와 성도가 기뻐했고 하나님이 주신 은혜에 감사했다.

그런데 중한 병에 걸렸을 때는 그토록 충성하고 많은 열매로 하나님께 영광을 돌리던 그가 몸이 회복되자 차츰 변하기 시작했다. 교회에 나오는 횟수가 줄어들더니 곧 사업에만 열중하게 되었다. 주변에서 걱정하는 소리가 커져 갈 무렵 그는 다시 병원에 입원해야 했다. 다행히 재발은 아니어서 한시름 놓았으나 이때 그는 철저하게 회개하고 하나님 앞에 나올 수 있었다. 언젠가 그가 자신과 같은 육체의 가시 때문에 고통 가운데 있는 분들에게 이렇게 말하는 것을 들었다.

"성도님, 지금 당하는 고통과 고난이 크시겠지만 제가 겪어 보니 이때만큼 하나님과 가장 친밀해지는 때가 없는 것 같아요. 제 평생의 신앙생활에서 고난 중에 있을 때 가장 많이 기도하며 하나님의 이름을 불렀던 것 같아요. 고통 중에 있을 때 가장 큰 은혜 가운데 있을 수 있었어요."

하나님과 가장 긴밀했던 때가 언제인가? 하나님의 이름을 가장 많이 불렀던 때가 언제인가? 소위 잘나가던 때인가? 아니면 고난 중에 있을 때인가?

잘나가던 때 오히려 하나님과 멀어졌을 것이다. 하나님과 가장 친밀했을 때는 고난 중에 있을 때였을 것이다. 고난 중에 있을 때에야 우리는 겸손해져서 하나님께 나아가기 때문이다.

수많은 사람들의 간증도 그렇다. 고통 중에 있을 때, 가시를 가지고 있을 때 하나님을 만났고, 무릎을 꿇었고, 그의 풍성함을 경험했다고 말한다. 고난 중에 하나님의 은혜가 풍성하다. 고난 중에 하나님과 깊은 사랑을 나누고 깊은 관계로 나아가게 된다. 바울의 고백은 이것을 체험한 사람이 할 수 있는 고백인 것이다.

> 그러므로 내가 그리스도를 위하여 약한 것들과 능욕과 궁핍과 박해와 곤고를 기뻐하노니 이는 내가 약한 그 때에 강함이라 ◦ 고후 12:10

약함 가운데 빛나는 은혜

소설 《빙점》의 일본 작가 미우라 아야코는 20대에 폐결핵으로 인한 척추골양(caries)이 발병해 13년 동안 병상을 지켜야 했다. 무신론자였던 그가 요양 중에 하나님을 만난 뒤 쓴 시가 있다. '아프지 않으면'이다.

> 아프지 않으면 드리지 못할 기도가 있다.
> 아프지 않으면 듣지 못할 말씀이 있다.
> 아프지 않으면 접근하지 못할 성전이 있다.
> 아프지 않으면 우러러보지 못할 거룩한 얼굴이 있다.
> 아아, 아프지 않으면 나는 인간일 수 없다.

아프지 않으면 인간일 수 없다는, 연약할 때 더 인간적일 수 있다는 신앙의 고백이다.

우리는 연약함 때문에 하나님을 바라본다. 하나님 앞에 나아가고 은혜를 고백할 수 있다. 육체의 가시를 향해 하나님의 은혜가 임하고 있음을 말할 수 있다. 가시 덕분에 하나님을 만나고 그 가시 덕분에 새로운 생명을 얻는다. 또한 가시 덕분에 평강을 누리며 하나님을 의지하고 하나님 앞에 기도하며 하나님과 동행할 수 있다.

어떤 사람에게 한꺼번에 많은 문제가 닥쳐왔다. 자신도 이유 없이 몸이 아프더니 자녀에게 갑작스런 질병이 찾아왔다. 안타깝게도 자녀의 질병은 쉽게 고쳐지지 않는 병이었다. 병으로 인한 어려움도 컸지만 당장 치료를 하면서 일도 하고 아이를 돌보려니 힘이 들었고 그래서 우울감이 밀려왔다.

소중하게 여기던 일도 자의반 타의반 내려놓아야 했다. 체력도 달리고 시간도 부족하니 하던 일에 집중할 수가 없어서 벌이가 예전만 못했다. 당연히 치료비에 대한 부담도 컸다. 무엇보다 아픈 아이를 지켜보는 일은 정말이지 너무 괴로웠다.

그가 할 수 있는 일은 하나님께 매달리는 것뿐이었다. 육체의 고통을 제하여 달라고 새벽마다 밤마다 기도로 부르짖었다. 그렇게 오로지 하나님 이름만 목매어 부르던 어느 날 "하나님은 미쁘사 너희가 감당하지 못할 시험 당함을 허락하지 아니하시고 시험 당할 즈음에 또한 피할 길을 내사 너희로 능히 감당하게 하시느니라"(고전 10:13)라는 말씀을 받았다. 그 말씀이 얼마나 위로가 되는지 심령에 콕 박혀 떠나지 않았다.

그러던 어느 날 밤, 아이가 갑자기 고통을 호소하더니 잠시 정신을 잃었다. 아이의 고통이 잠잠해지는 걸 지켜보고 나서 그는 골방으로 들어갔다. 저절로 온몸이 구푸려지고 가슴을 치며 기도했다. 한순간 어디선가 시원한 바람이 느껴지면서 말할 수 없는 평안이 밀려왔다. 특별한 음성을 들은 것도 아니고 번득이는 지혜가 떠오른 것도 아니었다.

그저 지금까지 느껴 보지 못한 평안함이 가슴 깊숙한 곳에서부터 솟아 나왔다. 그러곤 그 평안의 주체가 하나님이심을 고백하게 되었고, 그 하나님 안에 거함이 얼마나 큰 기쁨이 되는지 몰라 눈물을 쏟았다.

우리의 연약함을 아시는 하나님을 만난 그날 이후 그에게 두려움이 사라졌다. 인간적인 판단이나 생각이 그를 덮치려 할 때면 그날 골방에서 주신 하나님의 평강과 위로하심을 떠올리며 힘을 냈다.

누구든지 능욕과 빈곤, 궁핍함과 고통 가운데 있으면 연약하다. 우리를 괴롭히는 가시가 여전히 우리를 찌른다. 그러나 그 가운데에서 우리를 향한 하나님의 목적을 깨달아야 한다. 깊은 교제를 통해 은혜의 풍성함을 경험하며 하나님의 선하신 목적을 발견할 때 고난은 더 이상 고난이 아니다. 고난은 빛나는 은혜가 된다.

고난 안에 머무는 능력

고난을 통해 경험하는 하나님의 은혜에는 위력이 있다. 우리로 하여금 하나님의 능력을 발휘하도록 한다.

사도 바울이 육체의 가시를 통해 은혜를 깨달은 뒤 "이

는 그리스도의 능력이 내게 머물게 하려 함이라"(고후 12:9)
고 고백했듯이 고난 뒤에 하나님의 능력이 있다. 이 말을
뒤집어 말하면 내가 약함 가운데 있는 이유는 하나님의 능
력 안에 내가 머물기 위함이다.

사도 바울의 이 고백을 메시지성경에는 "나의 약함 속으
로 쇄도해 들어오는 하나의 사건이었습니다"라고 표현하고
있다. 고난 가운데 하나님의 능력이 더욱 빛을 발한다는 것
이다.

내가 연약할 때 하나님은 능력을 주신다. 내가 연약할
때 하나님은 약한 나를 강하게, 가난한 날 부하게, 눈먼 나
를 볼 수 있게 하신다. 감당하도록, 이겨 내도록, 견디도록
능력을 주신다. 하나님은 너무 힘들어서 포기하고 싶어 하
는 우리를 붙잡으신다. 상처를 끌어안은 채 앞으로 나아가
는 힘을 주신다. 골방에서 절망에 휩싸여 기도할 때 말할
수 없는 평강을 주심으로 그 상황을 넉넉히 이겨 내도록 하
신다. 연약함을 강하게 하시고 깊은 곳까지 만족시키시며
어두움을 빛으로 밝히시는 하나님의 능력으로 인해 우리는
고난 가운데 있어도 하나님의 은혜가 충만하다고 고백할
수 있다.

고난 가운데 빛을 발하는 하나님의 능력은 과연 얼마
나 대단한 것일까? 사도 바울의 "이는 내 능력이 약한 데서

온전하여짐이라"(고후 12:9)는 고백을 영어성경(NIV)은 "My power is made perfect in weakness", 즉 '연약함 가운데 하나님의 능력이 완전하게 되었다'고 번역했고, 메시지성경은 "내 능력은 너의 약함 속에서 진가를 드러낸다"고 번역했다.

"내 사전에 불가능이란 없다"는 유명한 말을 남긴 채 역사 속으로 사라진 프랑스의 황제 나폴레옹은 세계를 제패하고자 한 야심가였다. 그는 실제로 프랑스를 세계 강국으로 올려놓았다. 그러나 그의 세계 정복의 꿈은 실패했고, 결국 외딴 섬에서 외롭게 살다 죽음을 맞았다.

"내게 능력 주시는 자 안에서 내가 모든 것을 할 수 있느니라"(빌 4:13)고 한 사도 바울의 말은 나폴레옹의 말과 비슷해 보이지만 본질적으로 다르다. '내 사전'과 '내게 능력 주시는 자 안에서'의 차이는 분명해진다. 능력의 주체가 다른 것이다. 다시 말해 나폴레옹은 자신을 의지했고 사도 바울은 하나님을 의지했다. 결과는 어떤가. 하나님을 의지한 사도 바울은 승리했으나 자기를 의지한 나폴레옹은 실패했다.

하나님의 강함은 우리의 연약함 가운데 나타난다. 하나님의 하나님 되심은 우리의 연약함 가운데 나타난다. 흔히 우리는 건강하고 부유한 상태에서 하나님을 만나고 싶지만 그때는 하나님을 만나는 때가 아닐 수 있다. 가시에 찔려 아프고 고통스럽고 초라할 때가 하나님을 만나는 때가 되기도 한다. 그때서야 비로소 하나님의 하나님 되심이 나타나기 때문이다. 그때가 연약한 우리 삶을 주관하고 다스리고 은혜로 인도하시는 하나님의 전능하심이 나타나는 때다. 고통의 눈물을 흘리는 그때에야 비로소 우리는 영적인 눈을 뜨고 하나님 보좌 앞으로 나아갈 수 있다. 거룩하신 하나님의 현존을 바라볼 수 있다. 우리를 향한 하나님의 은혜를 알아볼 수 있다.

총신대학교 이재서 교수는 시각장애를 가지고 있다. 가난한 데다 열다섯 살에 실명한 그는 자신의 인생이 너무 절망스러워서 몇 차례 자살을 시도했다고 한다. 하지만 번번이 실패했고, 그는 죽더라도 유서 한 장은 써 놓고 죽자는 마음으로 점자를 배웠다. 글자를 알아 가면서 그는 사람에게는 현실을 바라보는 육안뿐 아니라 지혜를 터득하여 얻는 지안, 마음으로 보는 심안, 하나님을 믿고 신령한 것을 볼수 있는 영안이 있음을 알게 되었다. 이때 그는 자신이 100퍼센트 시력을 잃은 게 아니란 사실에 크게 위로를 받았다. 그리고 영안이 열리게 해 달라고 기도하며 치열하게 공부한 끝에 총신대학교 교수가 되었다. 그가 쓴 책《아름다움은 마음의 눈으로 보인다》를 통해 그는 이렇게 고백했다.

"지금까지 나를 이끌어 온 것은 내가 아닌 다른 힘이다. 나는 눈이 멀고 난 뒤 오히려 많은 것을 누렸다. 공부를 하게 되었으며 내 맘을 밝혀 주시는 하나님을 만나 믿음을 갖게 되었다. 실명, 그것은 아무것도 볼 수 없음을 의미한다. 그런데 그 실명이 내게 기회가 된 것을 아는가? 실로 실명은 내게 축복의 통로였다. 내게 좌절과 고통을 주었지만 보람과 기쁨도 안겨 주었다. 실명 때문에 울었지만 실명 때문에 웃었다. 실명 때문에 절망을 알았고 희망도 알았다. 실명 때문에 어둠을 알았고 진정한 빛의 의미도 알았다. 실명은 내게 모든 것을 앗아 갔지만 내게 모든 것을 갖다 주었다."

이재서 교수는 고난을 통해 하나님의 은혜 안에 거하는 삶을 얻었고, 고난 가운데 하나님의 능력이 위로로, 새로운 시야를 갖게 되는 능력으로 발휘되었음을 멋지게 고백하고 있다.

하나님은 우리 삶 가운데서 당신의 영광을 드러내고자 하실 때, 우리의 성공과 성장, 건강과 최고의 것을 사용하시지 않는다. 오히려 실패하고 고통스럽고 연약한 것을 사용해서 하나님의 하나님 되심을 나타내신다. 그렇기에 우리가 구할 것은 육체의 가시가 없어지는 것이 아니라 감당케 하시고 이겨 내게 하시는 하나님의 능력이다.

하나님의 능력을 구하며 참고 견디는 사람을 보고 사람

들은 "아니 어떻게 저런 상황에서도 의연할 수 있지?" 하고 의아해한다. 하지만 우리는 안다. 고난에 담겨진 은혜와 능력을 알기에 의연할 수 있음을. 하나님의 능력이 온전하여져서 빛을 발할 것임을 믿기에 의연할 수 있음을. 그러므로 우리는 이렇게 고백할 수 있다.

> 하나님께서 세상의 미련한 것들을 택하사 지혜 있는 자들을 부끄럽게 하려 하시고 세상의 약한 것들을 택하사 강한 것들을 부끄럽게 하려 하시며 ◦ 고전 1:27

우리가 약한 것을 자랑할 수 있는 것은 하나님의 능력이 그 약한 데서 나온다는 것을 확신하기 때문이다. 그렇기에 우리는 약할 때 오히려 기뻐할 수 있다.

은혜로 삽니다!

부르심의 은혜:
은혜는 행동으로 나타나야 한다

지금까지 나의 삶을 돌아보면 한국과 미국에서 보낸 시간이 거의 반반씩 나뉜다. 내가 고등학생 때 부모님과 함께 미국으로 이민을 갔다. 오랜 시간 동안 미국에 있었고 하나님이 부르셔서 지금은 한국에서 사역하고 있다. 그러고 보면 살아가는 터전도 하나님의 철저한 계획 아래 있음을 알게 된다.

미국에서 한국으로 들어오게 되었을 때, 한국시민권을 얻기 위해 미국대사관에 갔다. 한국시민권을 획득하기 위해 나는 미국시민권을 포기해야 했다. 처음엔 시민권 포기가 쉬운 줄 알고 가벼운 마음으로 갔는데 그것은 꽤 까다로운 과정을 거치는 일이었다.

미국인들은 자신의 나라에서 자란 시민권자인 내게 왜 시민권을 포기하려는지 궁금해 했다. 인터뷰를 하면서 그들은 미국시민권을 포기하려면 미국 대통령의 도장을 찍어야 한다고 계속해서 말했다.

알고 있다고 대답했는데도 반응이 영 시원하지 않더니 3개월 뒤에 다시 보자고 했다. 모든 일에 절차가 있게 마련이니 알았다고 대답하고 돌아가려는데 내 뒤통수에 대고 한 번 더 심각하게 고민하라는 말을 남겼다.

그렇게 3개월 뒤 다시 대사관으로 가서 두 번째 인터뷰를 진행했다.

"당신 정말 미국시민권을 포기할 겁니까?"

"네."

"다시 한 번 생각해 보세요. 당신이 미국시민권자로서 누릴 수 있는 권리가 많습니다. 그런데 이렇게 포기해 버리면 다른것도 다 포기해야 합니다." 협박 같은 그들의 말에 나는 대답했다.

"그럴 수 없습니다. 저는 한국시민권을 따야 하거든요."

"도대체 왜 미국시민권을 포기하고 한국시민권을 따려

고 합니까?"

그때 내가 위쪽을 쳐다보면서 이렇게 대답했다.

"The higher calling."

위에 계신 분의 부르심을 받았다는 동작과 함께 이야기를 전하자 그제야 그들도 어쩔 수 없다는 듯 일을 진행해 주었다.

하나님, 더 높은 곳에 계신 하나님의 부르심, 우리는 모두 부르심의 은혜를 입고 산다. 하나님의 부르심의 은혜, 소명으로 이해되는 그 부르심 속엔 하나님이 전적으로 주체가 되고, 우리는 부르심에 반응하는 객체가 된다. 그렇기에 우리가 할 수 있는 선택은 잘 따르는 것 뿐이다. 죽기까지 우리를 사랑하고 은혜를 주신 하나님이기에 당연히 부르심은 은혜다.

머물지만 말고 은혜를 나타내라

하나님은 우리를 다양한 자리로 부르신다. 일하는 자리에서, 봉사하는 자리에서 부르신다. 그리고 이렇게 다양한 부르심에 공통된 하나님의 뜻은 우리를 '선한 일꾼'으로 부르신다는 것이다.

우리가 하나님과 함께 일하는 자로서 너희를 권하노니 하
나님의 은혜를 헛되이 받지 말라。고후 6:1

하나님은 우리를 은혜의 일꾼, 하나님과 함께 일하는 자
로 부르신다. 그렇기에 은혜를 헛되이 받지 말라고 하신다.
헛되이 받는다는 것은 빈 공간으로 받는다, 공허하게 받는
다는 뜻이다. 다시 말해 선물의 의미가 허사가 되지 않도록
하라는 것이다. '은혜를 헛되이 받는다'는 구절을 메시지성
경은 이렇게 번역하고 있다.

하나님께서 우리에게 주신 이 놀라운 삶을 조금도 낭비하
지 마십시오。고후 6:1

낭비하지 말라고 한다. 하나님의 은혜를 무시하거나 가
볍게 여기는 것은 우리의 삶을 낭비하는 것이라고 한다. 그
러므로 부르시는 하나님의 은혜를 헛되이 받지 말라고 당
부하고 있다.
고린도전후서는 사도 바울이 고린도교회에 보낸 서신서
다. 고린도교회는 은혜를 경험한 교회다. 더불어 문제도 많
았던 교회다. 교인들 사이에서 은사를 가지고 서로 다툼이
있었고 교만한 마음으로 서로 소송하기도 했다. 믿음이 약

한 자를 판단하기도 했다.

사도 바울이 이런 소식을 듣고 너무 마음이 아파서 고린도교회에 처음 받았던 은혜를 되새기며 은혜를 낭비하지 말라고 권면한 것이 고린도전후서다.

한편, 사도 바울은 은혜로 주시는 하나님의 부르심에 제대로 반응하라고 가르쳤다.

> 너희는 그 은혜에 의하여 믿음으로 말미암아 구원을 받았
> 으니 이것은 너희에게서 난 것이 아니요 하나님의 선물이
> 라 행위에서 난 것이 아니니 이는 누구든지 자랑하지 못하
> 게 함이라 우리는 그가 만드신 바라 그리스도 예수 안에서
> 선한 일을 위하여 지으심을 받은 자니 이 일은 하나님이 전
> 에 예비하사 우리로 그 가운데서 행하게 하려 하심이니라
>
> ○ 엡 2:8-10

우리가 구원 받은 이유는 하나님을 위해 선한 일을 하도록 지음 받았기 때문이다. 이 말씀은 디도서에서도 반복되고 있다.

> 그가 우리를 대신하여 자신을 주심은 모든 불법에서 우리
> 를 속량하시고 우리를 깨끗하게 하사 선한 일을 열심히 하

는 자기 백성이 되게 하려 하심이라 ○ 딛 2:14

이렇듯 하나님은 우리를 그분의 일꾼으로 부르셨다. 뿐만 아니라 하나님의 선한 일을 함께하는 자로 부르셨다. 여기서 우리의 정체성이 드러난다. 하나님은 우리를 '함께 일하는 자'로 선택하신 것이다. 고린도후서 6장 4절에서도 "오직 모든 일에 하나님의 일꾼으로 자천하여 여러 가지 상황을 이겨 내라"고 권면하고 있다. 말씀을 통해 알 수 있듯이 우리는 하나님의 일을 함께하는 하나님의 동역자이며, 스스로 하나님의 일꾼으로 참여한 자들이다. 그래서 하나님의 일에 스스로 참여하지 않은 자들에게 은혜를 헛되이 받지 말라, 은혜 받은 자가 아닌 것처럼 살지 말라고 충고한 것이다.

하나님은 우리를 일꾼으로 부르시면서 은혜 안에 거하라고만 하시지 않았다. 하나님의 은혜로 사는 은혜의 일꾼, 동역하는 자로 살면서 은혜를 나타내라고 하셨다.

《빙점》의 작가 미우라 아야코가 병마에 시달릴 때 그녀를 5년간 기다려 준 연인이 있었다. 그녀는 지극한 간호를 해준 그와 결혼하게 되었고, 행복한 시간을 보냈다. 그런데 시간이 지날수록 점점 감사하는 마음이 사라졌다. 하나님이 주신 은혜도 점점 잊어 갔다. 그때 미우라 아야코는 그

런 자신의 상태에 대해 예민하게 반응하며 이렇게 기도문
을 지었다.

> 하나님, 제가 은혜에 익숙하지 않도록 도와주십시오.
> 하나님의 은혜에 익숙하다 보면 감사가 사라집니다.
> 은혜로 살지 못합니다.
> 어느덧 중심에 제 모습을 발견합니다.
> 그래서 저는 끊임없이 기도합니다.
> 하나님의 은혜에 익숙하지 않도록 도와주십시오.

은혜에 익숙하다 보면 감사가 사라진다. 은혜로 살지 못
한다. 은혜가 사라지면 어느덧 우리 중심에 자신의 생각이
가득한 것을 발견하게 된다. 미우라 아야코는 은혜에 제대
로 반응할 수 있도록, 은혜롭게 살 수 있기를 간절히 기도
한 것이다.

하나님의 은혜의 일꾼으로 부르심을 받은 우리는 은혜
를 잊지 않고 은혜에 반응하며 살아야 한다. 사도 바울은
원래 예수 믿는 사람들을 핍박하는 사람이었는데 그 일에
서조차 열심히 일했다. 아직 주의 은혜를 받기 전, 거듭나기
전이었기에 그것이 하나님의 일이라 여기고 열심히 했던
것이다. 하지만 거듭난 뒤 하나님의 일꾼으로 부르심을 받

왔을 때 그는 이전 것들을 배설물로 여기고 오직 은혜로 일꾼이 되었다.

사도 바울은 일꾼이 되고 난 뒤 주어진 사명에 최선을 다했다. "모든 성도 중에 지극히 작은 자보다 더 작은 나"(엡 3:8)라고 자신을 지극히 낮추며 은혜에 감사했다. 하나님의 은혜를 아는 사람만이 할 수 있는 표현이다.

하나님은 모두를 부르셨다

흔히 하나님의 부르심이라 하면 어쩐지 거창한 것을 떠올린다. 성직자나 목회자와 같이 특별한 직업으로 부르시는 것을 생각해서 때로 부담스러워하고 때로 부르심을 따르는 대신에 좋은 결과를 보증 받고 싶어 한다. 하지만 하나님의 부르심을 받은 성경의 인물들을 봐도 알 수 있듯이, 부르심 받은 자들의 삶은 평탄하지 않았다. 물론 합력하여 선을 이루신 하나님의 은혜 가운데 푹 잠겨 있었지만 그럼에도 그 삶에는 어려움이 많았다. 심지어 예수님조차 그랬다.

이런 사실을 알면서도 우리는 부르심에 대해 좋은 결과를 기대한다. 자신을 향한 하나님의 계획이 있음을 믿지만 확실히 보여 주지 않는다고 불평한다. 하나님은 우리 각자를 향한 계획과 뜻을 가지고서 우리를 부르신다. 그리고 중요한 것은 하나님은 우리를 그분의 뜻을 이루기 위한 선한 도구로 쓰기 위해 부르신다.

시애틀퍼시픽대학교의 더그 코스켈러(Doug Koskela) 교수는 《부르심》이란 책에서 부르심의 은혜에 대해 잘 설명하고 있다. 그는 하나님의 부르심을 세 가지로 나누고 각각의 부르심에 대해 어떻게 반응해야 하는지를 설명했다.

부르심에는 평생 부르심(missional calling), 직접 부르심(direct calling), 일반적 부르심(general calling)이 있다. 평생 부르심은 일생 동안 세상에 하나님 나라를 드러내는 일이요, 직접 부르심은 하나님의 의지로 지명하여 부르시는 것이요, 일반적 부르심은 하나님이 모든 시대 모든 사람에게 요구하시는 것을 말한다. 더그 교수의 부르심에 대한 다음의 견해는 우리로 하여금 부르심이 얼마나 귀하고 은혜로운 것인지를 상기시킨다.

"부르심은 하나님이 우리에게 원하시는 일이라기보다 우리가 하나님을 더 알고 살아가는 일이다. 부르심은 세상에 하나님 나라를 드러내는 데 당신만의 일을 하며 살아가라는 초청이다. 하나님은 그저 우리를 초대하시고 자유로이 순종케 하신다. 부르심은 돌에 새긴 글처럼 고정된 것이 아니다. 당신을 만드시고 부르신 하나님은 신실하시다. 그러니 당당하고 자신 있게 발걸음을 내디딜 수 있다. 하나님의 손에 당신이 가진 것을 맡기라. 이제 깨달은 한두 문장을 가지고 세상으로 나가라."

부르실 때 즉각 반응하라

당신에게 가장 중요한 사람은 누구?
바로 내 앞에 있는 당신.
당신에게 가장 중요한 시간은 언제?
바로 지금.

현재가 중요하다. 하나님께서 미래를 약속하셨기에 그 미래를 위해 현재를 열심히 살아야 할 의무가 우리에게 있다. 그래서 그리스도인들은 현재에 더 충실하다. 그 현재 속에 은혜의 시간도 당연히 포함된다. 바울은 분명히 말했다. "지금이 바로 은혜 받을 만한 때"라고.

이르시되 내가 은혜 베풀 때에 너에게 듣고 구원의 날에 너를 도왔다 하셨으니 보라 지금은 은혜 받을 만한 때요 보라

지금은 구원의 날이로다 ○ 고후 6:2

하나님은 우리를 은혜의 일꾼으로 부르셨다. 우리는 부르실 때 즉각 반응해야 한다. 그렇기에 성경은 "지금이 은혜 받을 만한 때"라고 시기를 언급하고 있다. 지금이 은혜의 날이요 구원의 날이라고 말씀하신다. 따라서 우리가 할 일은 은혜에 대한 반응을 보이는 것이다. 하나님은 부르신 거기에 우리가 있기를 원하신다.

은혜에 대한 즉각적인 반응은 Action 즉 행동으로 나타내는 것이다. 상황이 좀 좋아지면 한번 해 보겠다는 식은 곤란하다. 일단 산적한 문제를 해결하고 난 뒤 부르심에 대해 생각해 보겠다는 식도 부적절하다.

은혜에 반응하는 행동이란 사도 바울을 보며 배울 수 있다. 그는 부르심에 치열하게 반응했다. 그가 가는 곳에는 반드시 Action이 있었다.

그 많은 환란과 궁핍과 고난, 그리고 매 맞음과 수고로움과 갇힘의 고통 가운데에서도 그는 하나님의 은혜를 나타내는 삶을 살았다. 2차 전도여행 때 바울과 실라는 억울하게 감옥에 갇혔으나 그 칠흑 같은 어둠 속에서도 온 맘을 다해 찬양을 올려 드렸다. 비록 그가 처한 상황은 절망적이었지만 그는 이방 선교의 길로 인도하신 하나님의 은혜를 떠올리며 예배와 찬양으로 반응했다.

그 결과 무슨 일이 일어났는가. 옥문이 열리고 죄수들이 해방되는 기적이 일어났다. 그런데 그보다 더 귀한 일은 따로 있었다. 바로 강퍅했던 감옥의 간수, 그리고 그의 가족이 구원을 받게 된 일이다. 이 일로 바울은 잃어버린 한 영혼을 향한 하나님의 사랑을 체험했고 자신이 한 영혼을 위한 선교에 헌신해야 함을 깨달았다.

이렇듯 은혜의 때에 반응하면 하나님의 능력이 나타난다. 그 능력이 우리의 삶을 변화시킨다. 사도 바울의 삶에 전반적으로 나타나고 있는 그 능력에 대해 그는 이렇게 선포하고 있다.

> 우리는 속이는 자 같으나 참되고 무명한 자 같으나 유명한
> 자요 죽은 자 같으나 보라 우리가 살아 있고 징계를 받는 자
> 같으나 죽임을 당하지 아니하고 근심하는 자 같으나 항상
> 기뻐하고 가난한 자 같으나 많은 사람을 부요하게 하고 아
> 무것도 없는 자 같으나 모든 것을 가진 자로다 ○ 고후 6:8-10

바울의 이 고백은 그의 삶 가운데 주신 하나님의 은혜에 즉각적으로 반응했기에 가능한 고백이다. 마치 죽은 자 같으나 내 안에 생명이 있다는 고백, 가난한 자 같으나 많은

사람을 부유하게 하는 자라는 고백, 아무것도 없는 것 같지만 모든 것을 가진 자라고 당당하게 고백할 수 있는 이 능력은 하나님의 은혜에 반응한 자들만이 소유한 능력이다.

우리는 이 점을 배워야 한다. 즉각적인 반응이란 즉각적인 감사의 제사일 수도 있고 즉각 복음을 전하는 일일 수도 있다. 우리 각자를 부르시는 하나님의 은혜는 다 다르므로 나를 향한 부르심에 즉각 반응할 수 있도록 기도해야 할 것이다.

부르심의 열매, 섬김

부르심의 은혜에 제대로 반응하는 곳에는 열매가 있다. 바로 섬김이 은혜의 열매다. 사도 바울은 일꾼으로 부르심을 받은 자로서 어떻게 행동해야 하는지 말했다.

우리가 이 직분이 비방을 받지 않게 하려고 무엇에든지 아무에게도 거리끼지 않게 하고 ○ 고후 6:3

그는 고린도교회를 향해 자신에게 주신 하나님의 은혜, 그 은혜로 주신 직분을 위해 비방 받지 않도록, 거리끼지 않도록 최선을 다했다고 말하고 있다. 여기서 '직분'이라는 단어의 헬라어 원어는 '디아코니아'다. 영어성경(NIV)에는 'our ministry' 즉 우리의 사역이라고 번역했다.

디아코니아는 한마디로 섬김을 뜻한다. 한때는 교회의 자선사업을 분담하기 위해 교회 옆에 지어 놓은 건물을 의미했다. 따라서 디아코니아는 자선과 구제의 의미를 담은 봉사란 의미다. 다시 말해 하나님이 부르신 이들에게 맡기신 일은 봉사와 섬김과 나눔이다.

하나님이 우리를 은혜의 일꾼으로 부르셨다는 것은, 우리의 삶 가운데 은혜의 열매인 디아코니아 즉 섬김, 봉사, 나눔의 사역이 있어야 함을 말한다. 그러므로 교회에서 흔히 직분이라 칭하는 것보다 훨씬 더 포괄적이다. 디아코니아는 우리가 선 자리, 하나님이 부르신 자리에서 내게 주어진 섬김으로 그리스도를 나타내는 삶을 내포한다.

부르심의 은혜를 입은 우리의 삶은 어떠해야 할까? 은혜가 우리 삶 가운데 어떤 모습의 디아코니아로 나타나고 있는가? 그리스도의 은혜가 풍성한 나눔과 사역의 열매로 나타나고 있는가? 힘들고 어려울 때라도 하나님의 능력이 넉넉히 감당하게 하셨다고 고백할 수 있는가?

하나님이 능히 모든 은혜를 너희에게 넘치게 하시나니 이

는 너희로 모든 일에 항상 모든 것이 넉넉하여 모든 착한

일을 넘치게 하게 하려 하심이라 ◦ 고후 9:8

바울이 고린도교회 교인들에게 부탁한 디아코니아는 은
혜를 받아 항상 모든 일에 넉넉하고 착한 일을 넘치게 하
라는 것이었다. 이 한 구절 말씀에서 반복되고 있는 단어가
'모든'이다. 모든 은혜를 모든 일에 모든 넉넉한 것으로 모
든 착한 일을 하라고 한다. 하나님의 풍성한 은혜 안에는
풍성한 넘침의 디아코니아가 함께함을 알 수 있다.

그러므로 우리 삶이 드러내는 은혜의 열매가 어떠한지
살펴봐야 한다. 삶에서 은혜의 열매가 하나도 없으면 은혜
를 헛되이 받은 자다. 은혜를 낭비한 자다. 섬김으로 헌신으
로 드러난 열매를 맺어야 한다.

롤 필름을 발명하고 카메라를 고안한 코닥의 창업자 조
지 이스트먼(George Eastman)은 어려서 아버지를 여의고 홀
어머니와 두 여동생과 함께 자랐다. 어머니 혼자 아이 셋을
키우느라 가정형편이 넉넉하지 못했다. 그 가난한 시절 그
는 두 가지를 분명하게 기억하고 있다. 하나는, 어머니가 남
의 집 마루를 닦고 세탁을 하는 가정부로서 근면하게 일하
던 모습이다. 다른 하나는 어머니가 귀가 닳도록 하신 말씀
이다. "나는 나를 위해서 일한 적이 없다. 나는 너희를 위해

서 일하고 있다. 그러니 너도 커서 너를 위해 일하지 말고 남을 위해 일해라." 이 말씀은 그로 하여금 섬김의 자세로 인생을 살게 했다.

은혜 받은 사람들은 은혜를 나눌 줄 안다. 즉 은혜를 받은 사람이 은혜로 살 수 있고, 받은 은혜가 있어야 은혜를 돌려 줄 수 있다. 그래서 은혜를 헛되이 받지 말고 은혜를 받았을 때 그 열매를 보이라는 것이다. 은혜 받은 자가 드러내는 삶의 열매는 바로 디아코니아 즉, 섬김의 삶이다.

우리가 받은 은혜는 항상 낮은 곳으로 흐른다.

일상의 은혜:
매일 나아가면 도우심을 얻는다

은혜 아닌 날이 없다

어떤 분이 아내를 따라 교회에 나왔다. 아내의 성화로 억지로 나와 앉아 있는데 그날 목사님의 설교가 듣는 내내 기분을 언짢게 했다. 모든 사람이 죄인이라는데 마치 자신을 가리켜 "너는 죄인이야" 하고 말하는 것 같아 기분이 나빴다.

다음 주에는 왼쪽 구석에 앉았다. 그런데 그날도 설교를 듣고 마음이 언짢았다. 구원 받은 양은 오른쪽에 앉았으나 구원 받지 못한 염소는 왼쪽에 앉았다는데, 마치 그더러

"너는 구원 받지 못할 거야" 하는 것 같아 기분이 나빴다.

그다음 주엔 기둥에 가려져 목사님이 아예 보이지 않는 구석 자리에 앉았다. 그런데 그날 설교는 하나님 앞에 죄를 짓고 부끄러움을 알게 되어 동산에 숨은 아담의 이야기였다. 하나님께서 "아담아 네가 어디 있느냐" 하고 숨어 있는 아담을 찾으시는 말씀을 듣는데, 그 순간 자신이 죄인임을 깨달았다. 아담처럼 죄를 짓고 하나님께 들키지 않으려고 숨어 지냈다는 걸 깨닫고 그날 회개의 눈물을 쏟아 냈다.

혹시 목사님이 이분을 알아서 이분에게 딱 맞는 설교를 준비하신 걸까? 아니다. 하나님께서 사랑하는 이 영혼을 돌이키기 위해 은혜를 주신 것이다.

우리 교회 성도 중에도 이분과 비슷한 얘기를 하는 분이 있다. "목사님이 손바닥을 펴서 내밀 때마다 저한테 하시는 것 같아요. 목사님이 그 동작을 할 때마다 하나님이 내게 말씀하시는 게 있나 보다 해서 은혜를 받습니다."

당연히 내가 내미는 손동작은 모든 회중을 향한 것이었다. 그런데 그것을 자기를 지목하는 것으로 받아들여 은혜를 받는 것이다. 그러고 보면 은혜가 아닌 날이 없고 은혜가 아닌 일이 없는 것 같다. 아주 사소한 것부터 특별한 일에 이르기까지 하나님은 매일매일 은혜 가운데 살게 하신다. 삶 자체가 하나님 은혜다. 매일매일의 삶 속에서 하나님

일상 은혜의 힘

이 베풀어 주시는 은혜를 발견하고 누릴 수 있다면 삶은 더욱 빛날 것이다.

매일 즐겁고 행복하기만 하다면 얼마나 좋을까. 하지만 어떤 삶도 예외 없이 희로애락과 고조강약의 롤러코스터를 타게 된다.

> 그러므로 우리는 긍휼하심을 받고 때를 따라 돕는 은혜를
>
> 얻기 위하여 은혜의 보좌 앞에 담대히 나아갈 것이니라
>
> ○ 히 4:16

은혜의 보좌 앞에서 하나님의 은혜가 나온다. 놀랍지 않은가. 은혜의 보좌란 왕의 보좌, 하늘의 보좌를 의미한다. 그 보좌에 은혜가 풍성하고 넘쳐서 흐른다. 그 은혜의 보좌엔 누가 앉아 있는가? 바로 대제사장 되신 예수 그리스도께서 앉아 계신다.

예수 그리스도께서 앉아 계신 보좌에서 은혜가 넘쳐흐르는 장면을 상상해 보라. 생명을 내어 줌으로 하나님과 우

리를 화목하게 만드신 대제사장 예수 그리스도, 그분이 앉은 하나님의 보좌다. 생명을 주기까지 사랑과 은혜를 베푸셨으니 그분의 보좌에서 흘러나오는 은혜란 얼마나 풍성하고 충만할 것인가.

> 우리 주의 은혜가 그리스도 예수 안에 있는 믿음과 사랑과
> 함께 넘치도록 풍성하였도다 ◦ 딤전 1:14

이렇듯 풍성한 주님의 은혜는 우리의 연약함을 동정하시고 도우신다. 대제사장 되신 예수 그리스도는 우리의 연약함을 아낌없이 동정하신다.

> 우리에게 있는 대제사장은 우리의 연약함을 동정하지 못하
> 실 이가 아니요 모든 일에 우리와 똑같이 시험을 받으신 이
> 로되 죄는 없으시니라 ◦ 히 4:15

특히 연약함을 동정하지 못하실 이가 아니라는 말씀은 이중부정을 사용하여 강한 긍정을 표현하고 있다. 주님은 우리의 연약함을 동정하여 때를 따라 돕는 은혜를 주신다.

매일매일 우리는 얼마나 많은 도움이 필요한지 모른다. 내 힘과 능력으로 할 수 없는 일이 훨씬 더 많다. 연약함 때

문에, 부족함 때문에 우리는 한계가 있다. 그 불완전함은 하나님의 도우심을 필요로 한다. 하나님은 연약함을 동정하실 뿐 아니라 우리와 똑같이 친히 연약함을 겪으시므로 우리를 도우시고 위로하신다.

과연 그 도움을 받을 자격이 우리에게 있을까? 과연 우리 자신을 알고도 하나님께 감히 도움을 구할 수 있을까? 자격 없는 우리에게 은혜의 손을 뻗으시는 분이 하나님이다. 우리의 연약함을 체휼하여 아시므로 위로하고 도와주시는 분이 하나님이다.

우리의 연약함은 전방위적으로 나타난다. 생활의 어려움, 건강의 어려움, 물질의 어려움 등 연약한 부분이 너무 많다. 어디 그뿐인가. 시시때때로 다가오는 유혹과 죄의 문제도 있다.

연약함을 따라 도우시는 은혜라 함은, 은혜를 부어 주셔서 그 연약함을 고치시고 해결해 주시는 의미도 있지만 우리의 연약함을 하나님 자신이 체휼하신다는 의미도 있다.

체휼은 영어로 'sympathy'인데 헬라어 'sym(함께)+pathos(고통)'를 결합한 단어다. '함께 고통당하다'는 의미인 것이다. 다시 말해 대제사장 되신 예수님은 우리의 형편이 어려울 때, 특히 연약할 때 우리와 함께 고난을 받는 분이다. 우리가 연약함 가운데 있을 때 위로가 되는 것은 돈도

명예도 환경도 아니다. 함께 어려움을 나눌 누군가가 있을 때 큰 위로를 받는다. 바로 그 위로를 예수님이 해 주신다는 것이다.

실제로 예수님은 우리 인간의 온갖 연약한 점을 다 체험하셨다. 누구보다 육신의 연약함, 경제적인 어려움, 가난과 굶주림, 배척당함과 유혹 등을 겪으셨다. 그분께서 "그가 시험을 받아 고난을 당하셨은즉 시험 받는 자들을 능히 도우실 수 있느니라"(히 2:18)고 약속하신다.

하나님은 이렇듯 일상에서 당하게 되는 온갖 연약한 상황을 이겨 낼 힘을 주시는 동시에 체휼하시는 은혜를 베푸신다. 우리가 매일매일을 살아가는 힘이 여기서 나온다.

우리의 필요를 도우심

19세기 프랑스의 화가 에밀 라누(Emil Renouf)의 작품 중 '돕는 손'(The helping hand)이 있다. 파도가 심한 망망대해에 배 한 척이 떠 있다. 두 사람밖에 탈 수 없는 작은 배에 어부와 어린 소녀가 나란히 앉아 있다. 둘은 같이 노를 젓는 것 같지만 자세히 살펴보면 소녀는 노에 손을 얹고 있고 어부 혼자 힘을 다해 노를 젓고 있다. 그런데 소녀의 얼굴을

에밀라누(Emil Renouf, 1845-1894) 《돕는 손》

보면 망망대해에 있음에도 눈빛에 두려움이 깃들어 있지 않다. 소녀에게 '돕는 손'은 바로 어부다.

흔히 인생을 항해에 비유한다. 혼자서 항해를 하려면 어렵고 외롭다. 반드시 누군가 돕는 손길이 필요하다. 우리는 불완전하기에 방향도 모르고 노를 젓는 힘도 부족하다. 그때 우리 뒤에서 힘차게 노를 잡고 방향을 잡아 끌어가시는 분이 있으니 하나님이다. 때를 따라 도우시는 하나님의 손길이 우리 삶 구석구석에 미치고 있는 것이다.

'때를 따라' 도우신다는 것은 'in our time of need' 즉 우

리가 필요한 우리의 시간에 하나님께서 도우신다는 뜻이다. 정말 필요할 때 정말 필요한 것으로 도우시는 하나님의 은혜가 임하는 것이다. 때를 따라 돕는 은혜, 필요를 채우시는 은혜는 하나님과 친밀한 관계에 있는 사람에게 섬세한 반응을 일으킨다. 시편 기자의 고백을 들어 보자.

> 내가 산을 향하여 눈을 들리라 나의 도움이 어디서 올까 나의 도움은 천지를 지으신 여호와에게서로다 ○ 시 121:1-2

지금 이 순간 나의 필요를 하나님 앞에 가지고 나가 아뢰며 그 필요를 채우시는 하나님의 은혜를 체험한 사람은 이렇게 고백한다.

더구나 하나님의 은혜는 풍성에 풍성을 더하신다. "나의 하나님이 그리스도 예수 안에서 영광 가운데 그 풍성한 대로 너희 모든 쓸 것을 채우시리라"(빌 4:19)고 했듯이 우리 필요를 풍성하게 채우신다.

간절히 구하는 것, 간절히 필요한 것을 하나님 앞에 가지고 나갈 때 필요를 채워 주시는 하나님을 만날 수 있다. 우리가 필요한 모든 것을 넉넉히 채워 주시는 하나님의 은혜가 임할 때 우리의 일상은 은혜로 넘치게 된다.

이스라엘 백성들이 모세의 인도로 광야를 건널 때 온

갖 불평불만을 늘어놓았다. 먹을 것이 부족했고 목도 말랐다. 그들은 하나님께 나아가 그 필요를 위해 간절히 기도하지 않고 하나님을 원망하고 모세를 원망했다. 그럼에도 하나님은 그들의 필요를 채워 주셨다. 갓씨 모양의 만나를 온 지면에 내려 주셨고 쓴물을 단물로 바꿔 주셨다. 나중엔 고기를 먹고 싶다고 투덜거리자 메추라기를 불러 배부르도록 먹이셨다.

이렇듯 하나님은 불평하는 이들에게조차 사랑으로 필요를 채워 주신다. 하나님은 아직 채워지지 않은 우리의 필요에 대한 답을 가지고 계시고, 우리의 필요를 채우기 위해 반드시 준비하고 계신다. 이때 우리가 할 일은 우리에게 정말 필요한 것이 무엇인지 알고 그 필요를 위한 하나님의 계획을 알고자 노력하는 것이다. 다시 말해 나의 필요가 정말 필요한 것인지 점검해야 하며, 확신이 선다면 필요를 채우신다는 하나님의 약속을 붙들고 그분 앞에 나아가 하나님과 영적 소통을 하면서 그분께 합당한 삶을 살아야 한다.

우리는 수많은 필요를 느끼며 산다. 그럼에도 필요를 위해 기도하지 않을 때가 훨씬 더 많다. 시간에 쫓기고 일정에 쫓겨서 기도하지 않는 것이다. 그럼에도 하루를 돌아보면 그 많은 필요가 알맞은 때에 채워졌음을 발견하게 된다. 놀라운 기적이 날마다 일어나고 있는 것이다.

고아들의 아버지 뮬러 목사는 먹을 것이 없어 굶을 처지에 놓였을 때 하나님께 무릎을 꿇었고 그러자 하나님께서 사람을 보내 먹을 것을 주셨다. 이렇게 해서 그는 5만 번의 기도 응답을 받았다고 한다.

돌아보면 매 순간 하나님의 은혜로 나의 필요가 채워졌음을 고백할 수 있다. 매일의 필요를 채워 주시는 은혜가 우리가 살아갈 이유요 희망이다. 하나님은 풍성한 가운데 너희 쓸 것을 채우시겠다는 약속을 반드시 지키시는 분이다.

하나님의 타이밍에 은혜가 깨어나다

그런데 하나님의 은혜는 아무 때나, 아니 더 정확히 말하면, 내가 원하는 시간에 임하지 않을 수 있다. 하나님의 도우심은 절대적으로 하나님의 타이밍에 따라 이뤄진다.

때를 따라 돕는 은혜, 이 돕는 은혜의 원어를 보면 '유카이온'이라는 단어가 사용된다. '유'(옳다, 좋다)와 '카이로스'(시간)가 합쳐진 단어로, 옳은 시간, 적절한 시간이란 뜻이다. 하나님의 시간(God's timing)은 언제나 '적절한 때'다. 언제나 '옳은 때'다. 우리가 알지 못하는 필요까지도 아시는 하나님께서 당신의 타이밍으로 가장 적절한 순간에 우리를 도우신다. 그것이 하나님이 정하신 은혜의 시간이다.

하나님의 타이밍 하면 떠오르는 인물이 요셉과 모세다. 요셉은 형제들의 미움을 받아 노예로 팔려 갔다. 그는 꿈꾸는 사람이었고, 하나님이 그를 꿈의 사람으로 지명하셨음에도 그 꿈이 이뤄지기는 요원해 보였다. 노예로, 죄수로 가장 낮은 자로 살면서도 요셉은 '하나님이 함께하심으로'라는 고백을 하며 은혜 가운데 살았고 그러므로 그의 삶은 형통했다고 성경은 말하고 있다.

하나님은 계속 타이밍을 보고 계셨다. 그리고 하나님의 시간에 요셉은 왕 앞에 불려 가 꿈을 해석해 줌으로 애굽의 총리까지 오르게 되었다. 그런데 이렇게 드라마틱하게 총리가 되는 순간에만 하나님의 은혜가 임한 것은 아니었다. 그의 인생 굽이굽이마다 하나님의 은혜가 임하므로 그의 인생이 형통했다.

모세 역시 마찬가지다. 왕자로서 유복하게 살던 그가 광야로 도망쳐 낮아질 대로 낮아지고 온유해질 대로 온유해진 뒤에야 하나님께서 그를 이스라엘을 구원할 지도자로 부르셨다. 우리 생각엔 애굽의 왕자로서 힘이 있을 때가 적절한 때 같지만 하나님의 때는 그로부터 40년이 지나서야 임했다.

우리 주변에서도 하나님의 타이밍이 임한 은혜의 시간

을 목격하게 된다. 간발의 차이로 생명을 건진 사람들의 이야기는 더욱 현실적으로 다가온다. 조금 늦어도 안 되고 조금 더 빨라도 안 되는 하나님의 때는 두렵고도 떨리는 경외의 시간이다.

이 하나님의 때는 우리가 알 수도 있고 모를 수도 있다. 그 순간에 깨닫는다면 상상을 초월하여 임재하시는 하나님을 만나게 될 것이다. 설사 몰랐더라도 나중에 시간이 흐른 뒤 '그게 하나님의 도우심이었구나' 하고 깨달으면서 지난한 시간 동안 참게 하시고 견디게 하셔서 길을 열어 오신 하나님의 은혜에 깊이 감사하게 된다. 그제야 로마서 8장 28절의 말씀이 이해가 된다.

> 하나님을 사랑하는 자 곧 그의 뜻대로 부르심을 입은 자들
> 에게는 모든 것이 합력하여 선을 이루느니라 ∘ 롬 8:28

우리는 연약해서, 부족해서 모두 알 수 없다. 모두 이해할 수도 없다. 그러나 나를 도우시는 하나님, 그 은혜의 보좌 앞에는 은혜가 넘쳐흐른다. 그러므로 하나님의 타이밍에 합력하여 선을 이루시는 하나님의 은혜의 보좌 앞으로 나아가야 한다.

하나님의 은혜가 부어지는 시간은 하나님이 정하신다.

하지만 그 타이밍 이전에도 하나님은 은혜를 주어서 우리를 준비시키신다. 내가 미처 깨닫지 못한 순간에도 하나님께서 은혜로 돕고 계신다는 사실을 안다면 우리에게 두려울 것이 없다. 근심할 것도 불안해할 것도 없다. 그러므로 하나님이 이루실 은혜의 타이밍을 기대하며 나의 시간을 하나님의 시간에 맞추고 매일을 살아가야 한다. 특별한 은혜가 아닌 일상에서 나를 준비시키시는 그 은혜를 기억하며 나아갈 때 우리 삶은 늘 청신호다.

생활이 매우 어렵습니다.
직장을 오래전에 잃었고
할 일을 찾아 거리를 헤맨 지도 오래입니다.
가족의 얼굴을 보면 걱정이 앞섭니다.
지금 지고 있는 짐을
하나님께 맡기십시오.
정한 때에 시련의 끝이 올 것입니다.
인내심을 가지고 정한 때를 기다리십시오.

지금 시험을 받고 있습니다.
마음의 쓰라림은
말할 수 없습니다.

Part 4. The Fullness of Grace

하나님께 도움을 간구했으나
도움은 오지 않았습니다.
타고 있는 배가 거의 침몰할 지경인데도
하나님이 계신
은혜의 구조선은 오지 않습니다.
그러나 정한 때에 끝이 옵니다.
때는 사람이 정하는 것이 아닙니다.
선물을 주시는 분이
줄 때를 정하는 법입니다.

하나님께서
구원의 때를 정하셨습니다.
무슨 일이 있더라도 구원은
하나님이 정하신 때에 옵니다.
– 찰스 스펄전의 묵상 중에서

매일매일 은혜 앞에 나아가기

성경은 때를 따라 돕는 은혜, 우리의 연약함을 도우시고
필요를 도우시는 그 은혜를 얻기 위해 은혜의 보좌 앞에 담

일상 은혜의 힘

대히 나아가라고 명한다. '나아간다'는 현재형이다. 이는 한 번 나아가는 것으로 끝나는 것이 아니라 계속해서 끊임없이 나아가는 것을 말한다. 그리고 '나아간다'는 의미는 멀어지는 것이 아니다. 보좌 앞으로 가까이 다가간다는 의미다. 하나님 앞에 가까이 가는 것이다. 한 번만 가까이 다가가는 것이 아니라 매일매일 순간순간 멈추지 않고 계속해서 가까이 다가가는 것이다.

이렇게 나아갈 때 하나님께서 기뻐하신다. 나아감을 통해 도우심의 은혜가 충만하게 부어지기도 하지만 나아가려는 모습 자체를 하나님은 인정해 주신다. 기다려 주신다.

여호와께서 기다리시나니 이는 너희에게 은혜를 베풀려 하심이요 일어나시리니 이는 너희를 긍휼히 여기려 하심이라 대저 여호와는 정의의 하나님이심이라 그를 기다리는 자마다 복이 있도다 ◦ 사 30:18

우리에게 은혜 주시기 위해 하나님이 기다리시고 일어나시고 긍휼히 여기신다. 여호와를 기다리는 자에게는 하나님의 축복, 하나님의 은혜가 임한다. 우리에게 은혜 주시기 위해 끝까지 기다리시는 하나님 앞으로 우리는 날마다 가까이 나가야 한다.

예수님의 제자 베드로는 이렇게 권면한다.

오직 우리 주 곧 구주 예수 그리스도의 은혜와 그를 아는
지식에서 자라 가라 ○ 벤후 3:18

우리의 신앙생활이 그래야 한다는 것이다. 베드로 역시 신앙의 성장을 위해 먼저 예수 그리스도의 은혜를 알아야 한다고 말하고 있다. 다른 어떤 조건보다 중요한 것이 그리스도의 은혜를 아는 것이다. 그러므로 날마다 은혜의 보좌 앞에 나아가는 그리스도인이야말로 참된 성장을 하고 있는 것이다.

일상에서 주어지는 하나님의 은혜는 더할 나위 없이 풍성하다. 우리의 연약함을 아시고 필요를 따라 매일매일 채워 주시는 하나님의 은혜를 날마다 바라보고 감사하며 그 보좌 앞으로 가까이 나아가야 한다. 그럴 때 날마다 그를 아는 지식에서 자라 가는 그리스도인이 될 수 있다.

그러므로 우리는 긍휼하심을 받고

때를 따라 돕는 은혜를 얻기 위하여

은혜의 보좌 앞에

담대히 나아갈 것이니라

히 4:16

Epilogue:
은혜가 관통하는 삶

　하나님을 믿는다면서도 열등감에 시달리던 사람이 있었다. 사람들은 그가 믿음 좋은 사람이라고 박수쳐 주고 따랐지만 정작 그는 자신이 연약하고 무기력하게만 느껴졌다. 더구나 그를 오해하는 말이나 모함하는 말을 들으면 마음이 많이 흔들렸다. 그는 사람들의 평판에 좌지우지됐다.

　이렇듯 남모를 열등감에 빠져 있던 그에게 하나님이 찾아오셨다. 은혜가 임했다. 그러자 거의 매일 보던 말씀이 새롭게 다가오면서 열등감에서 벗어났다. 그를 늪에서 건져 준 말씀은 골로새서 말씀이었다.

> 그가 우리를 흑암의 권세에서 건져 내사 그의 사랑의 아들
> 의 나라로 옮기셨으니 그 아들 안에서 우리가 속량 곧 죄사
> 함을 얻었도다 ○ 골 1:13-14

그동안에도 자주 읽던 이 말씀을 그날 읽으면서 섬광처럼 스쳐 간 깨달음이 있었다. 바로 이 모든 것이 과거완료형이라는 사실이다. "건져 내사", "옮기셨으니", "얻었도다." 모두 이미 과거에 완료된 표현이다. 그동안 자신이 번민했던 일이 쓸데없는 일이었음을 깨닫게 된 것이다.

이미 예수님은 자신을 위해 모든 것을 건지고 옮기고 얻게 하셨는데, 그동안 낮은 자존감 때문에 남의 평판에 흔들리고 있었다는 것이 너무 바보 같았다. 또한 그런 자신을 이미 구원해 주신 은혜가 얼마나 감사하고 기뻤는지 몰랐다. 그 시간 이후 그는 자신을 괴롭히던 열등감과 이별할 수 있었다.

하나님의 은혜를 깨달은 이들의 삶은 한순간에 변화된다. 화살이 과녁을 꿰뚫는 것을 '관통한다'고 말한다. 그리스도인들의 삶에 하나님의 은혜가 관통할 때 삶은 180도로 바뀐다. 답답하게 꽉 막혀 있던 곳에 자유와 해방이 찾아오고, 나아가 열매 맺는 삶으로 변해 간다. 그래서 우리는 그 은혜를 더욱 사모할 수밖에 없다.

은혜가 없는 삶은 너무 메마르고 건조하며 삭막하다. 물 댄 동산 같은 은혜의 삶으로 나아가야 한다.

하나님의 은혜는 끝이 없다. 무조건, 무한대로 구하는 자들에게 선물로 주신다. 그 선물을 우리는 거부감 없이 받아들이되 그 선물이 주는 풍성함을 누리고 나눌 수 있어야 한다. 우리 삶을 관통하는 은혜의 향기가 진동하는 삶, 그것이 하나님이 우리에게 선물을 주시는 목적이기 때문이다.

당신의 삶에 은혜가 관통하고 있는가!

일상 은혜의 힘